企业、政府和非营利组织的战略选择

Advancing the Common Good

Strategies for Businesses, Governments, and Nonprofits

Philip
Kotler

［美］**菲利普·科特勒**／著　　邓伟升／译

格 致 出 版 社　　上海人民出版社

名家推荐

"'非以其无私邪？故能成其私'（《道德经》第七章）。个体、企业、政府乃至非营利组织，追求利益是无可厚非的，但从本质上说，'本位利益'的实现仍需依托与自然界并无二致的共生逻辑。因此，对'共同利益'的探讨就显得尤为重要，菲利普·科特勒的洞察和务实观点使这本书成为每个关心社会责任、社会可持续性发展的人的必读之作。"

——周南，香港城市大学市场营销学系教授，
中国企业管理学科第一位长江学者讲座教授

"这本书让我们看到了企业、政府和非营利组织在追求共同利益的过程中，共同走向繁荣的未来。菲利普·科特勒以深度的商业智慧为读者呈现了成功实现共同利益的关键路径。这是一本不仅让人思考，而且能够指导实际行动的智者之选。"

——崔运武，云南大学特聘教授，行政管理专业博士生导师，
国家级教学名师、宝钢教育基金优秀教师特等奖获得者

"本书彰显了市场科学对于探讨和解决世界可持续发展问题的重要作用。以共同利益为核心和纽带，企业、政府和非营利组织成为协同发展的微宏观整体。这是如何让世界变得更美好的重要立场和研究取向。我建议学界大力加强这方面的研究，让商业方法成为宏大命题的价值工具。"

——何佳讯，教授、博士生导师，华东师范大学亚欧
商学院中方院长、国家品牌战略研究中心主任

"无论如何定义，利润和促进共同利益不仅是完全兼容的，而且对社会，尤其是对资本主义社会的未来福祉至关重要。在我看来，菲利普·科特勒是世界上最好的管理学作家。你会喜欢这本精彩、深思熟虑，而且实用的书。"

——马尔科姆·麦克唐纳（Malcolm McDonald），
英国克兰菲尔德大学管理学院名誉教授

"菲利普·科特勒提出了一个极具争议的话题。全面、深刻、创新、可信！本书是每一个不只为金钱和利益所驱使的人的必读之作。"

——赫尔曼·西蒙（Hermann Simon），
西蒙顾和管理咨询名誉主席

"这本书乐观且引人注目，在丰富实际见解的支持下，应用我们所熟知的东西来促进共同利益。这本书也令人欣喜地提醒我们，如果政府、企业、非政府组织和其他关键参与者通力合作，就能取得很大的成就。我向所有有兴趣寻找和制定注重改善社会福利的务实的人们推荐这本书。"

——杰夫·弗伦奇（Jeff French），英国布莱顿大学
商学院首席执行官、战略社会营销客座教授

"科特勒为个人、组织、活动家和改革者们写了一本必不可少的书，以争取一个更美好的社会和一个更美好的世界。"

——乔治·戴（George Day），宾夕法尼亚大学
沃顿商学院 Geoffrey T. Boisi 名誉教授

致敬那些贡献奇思妙想、时间、资源来促进共同利益的人们！

理查德·布兰森（Richard Branson）

马克·贝尼奥夫（Marc Benioff）

比尔·盖茨（Bill Gates）

沃伦·巴菲特（Warren Buffett）

特德·特纳（Ted Turner）

迈克尔·波特（Michael Porter）

罗伯特·赖克（Robert Reich）

保罗·克鲁格曼（Paul Krugman）

约瑟夫·斯蒂格利茨（Joseph Stiglitz）

保罗·波尔曼（Paul Polman）

拉丹·塔塔（Ratan Tata）

艾伯特·戈尔（Al Gore）

奥普拉·温弗里（Oprah Winfrey）

序

如果我们不能改变未来，就只能被迫忍受它。

——阿尔文·托夫勒（Alvin Toffler）

每一本书都应该从作者讲述他为什么写这本书开始。

我一直希望大多数人能过上美好且充实的生活。不幸的是，事实并非如此。许多人在成长过程中处于劣势，这些劣势常常是由于收入、教育、种族和性别的差异。他们不得不在很小的时候就辛苦劳作，却从来没有机会获取良好的教育或技能培训以获得更好的生活。

我常常思考那些关注民生的热心人能够做些什么来帮助人们实现他们的梦想、挖掘他们的潜力。

作为一名训练有素的经济学家、营销专家和活动家，我想写一本书，这本书能够帮助公民活动家打造一个对于绝大多数人来讲更加美好的世界。我相信这个世界的问题——贫穷、饥饿、毒品、低水平的教育和医疗——在一定程度上归属于经济学范畴。2015 年，我在《直面资本主义：困境与出路》（*Confronting Capitalism：Real Solution for a Troubled Economic*）中提出了美国资本主义目前存在的14 个问题，并讨论了每个问题的最佳解决方案。我不主张抛弃资本主义，而是主张修复美国资本主义。

2018 年，我在《衰落中的民主》（*Democracy in Decline*）一书中，指出我们选出的代表不能解决我们的问题。他们的注意力都集中在选举和连任上，这些活动需要资金和捐赠者的支持，因此，政治候选人往往花费更多的时间筹集资金并满足他们背后的捐赠者。最后，我指出了14 个困扰民主发展的问题，其中包括选民压制、不公正的选区划分、党派间的对立等，并针对这些问题提出了最佳解决方案。

　　作为一名训练有素的营销专家，我一直对营销人员如何说服顾客去购买某一企业品牌的产品有着极大的兴趣。如果营销人员能够影响消费者购买金宝汤（Campbell Soup）或者投资赛拉（Sierra）基金，那么营销人员便可以帮助各种机构更好地达到目标。例如，博物馆使用营销概念和工具来吸引捐赠者和更多的游客，并影响政府对博物馆的支持政策。我非常期待当今的营销人员将他们的技能运用到市场、社会事业、理念和名人的推广上。

　　我很早就对利用经济学和市场营销学来提高并推进共同利益有着极大的兴趣。其中，我出版了《社会变革战略》（*Strategies for Social Change*）、《企业的社会责任》（*Corporate Social Responsibility*）、《国家营销》（*The Marketing of Nations*）、《正营销！》（*Good Works*）、《社会营销：如何改变目标人群的行为》（*Social Marketing：Changing Behaviors for Good*）、《公共卫生的社会营销》（*Social Marketing for Public Health*）和《保护环境的社会营销》（*Social Marketing to Protect the Environment*）。2018 年，我开始撰写《共同利益：企业、政府和非营利组织的战略选择》（*Strategies for Advancing the Common Good*）这本书。我解释了"共同利益"的定义，共同利益的一个简短定义是指："对于所有或者绝大部分特定群体成员来讲，什么是共享和有益的"。我注意到活动家和改革者都为促进共同利益作了很多贡献。我们国家中有许多领袖：马丁·路德·金（Martin Luther King），埃莉诺·罗斯福（Eleanor Roosevelt），简·亚当斯（Jane Addams），葛洛丽亚·斯泰纳姆（Gloria Steinem），雷切尔·卡森（Rachel Carson），索尔·阿林斯基（Saul Alinsky），拉尔夫·纳德（Ralph Nader），阿尔·戈尔（Al Gore），罗伯特·赖克（Robert Reich）……我们有许多组织也在致力于解决环境问题：绿色和平组织、地球观测所、美国环保协会、大自然保护协会和反核运动委员会……我们目睹了近年来的新运动,如"阿拉伯之春""占领华尔街""穷人游行""黑人的命也是命""Me Too!""妇女游行"和"男女同性恋、双性恋和变性者群体"(LGBTQ)。

我介绍了民众和组织为推动共同利益发展而采用的一些关键的社会变革工具。活动家和变革者已经在使用对话、教育、社会营销、社交媒体、法律这些工具和许多抗议策略;如抵制、静坐、禁闭和游行等。每一种工具都具有影响力和风险性。

撰写本书的目标是什么呢?是培养一种共同利益的思维模式,我们希望创造一个人人健康、安全、经济有保障、参与保护环境,并能为社会作出贡献的世界。其最终是为了人类与文明的福祉。

我最基本的目标是描述构成社会的三个主要部分,以及每一部分是如何促进共同利益发展的。企业为促进共同利益能够做什么?政府为促进共同利益的发展能够做什么?非营利组织该如何促进共同利益?

如果你对这三个问题感兴趣,请继续往下读。

前　言

永远不要怀疑一小部分有思想有抱负且勇于实践的人能改变世界。实际上，改变世界的恰恰是这样的人。

——玛格丽特·米德（Margaret Mead）

大多数人过着忙碌的生活，他们有很多事要考虑，包括家人和朋友的幸福。人们几乎没有时间和精力去思考他人的利益和共同利益，这些应该留给政府去思考。我们尝试选出一个能够以服务和推动共同利益为目标的政府，以便人们能够处理好自己的问题。当民选政府出现资金不足，政治分裂，无法保证人们的正常开支，不能建立健全移民政策，无法修建基础设施，无法建立更好的枪支管制政策，不能保护人权和公民权利时，社会将会变得十分糟糕和不幸。

这些现象的解决方案是让政党和民选官员重新开始合作。最近一段时间，一些民主党人和共和党人相互合作、共同制定两党法案。希望在公众发泄他们对政治分化和瘫痪不满时，这样的合作能够再次出现。但即使这样也是不够的。只要政府在军事和赤字上而非在为公民提供高质量的教育和医疗上花费巨款，我们就十分需要企业和非营利组织为实现共同利益作贡献。

企业非常乐意推动共同利益的发展。确实，过去大多数企业只关注他们的股东，以实现股东利益的最大化为目标。我们的商学院按照米尔顿·弗里德曼（Milton Friedman）教授的观点来培养学生和企业家，该观点认为一个企业应该最大限度地提高股东利益而不是从事慈善事业。但一些企业没有采用该观点，而是从更广泛的角度看待企业社会责任。像联合利华、Ben&Jerry's、美体小铺、汤姆斯（Tom's）、巴塔哥尼亚（Patagonia）等企业都在认真履行企业的社会责任。

这些企业聚焦最主要的事，就是用"利益相关者思维"取代"股东思维"。利益相关者思维认为：企业应该关注所有贡献者的利益，包括它的顾客、员工、供应商、分销商及其社区。通过团队合作和共享收益，使更多人能从中获益。他们不仅仅能够增加经济收入，还能够实现共同目标并达成更高的目标。他们对自己的企业、工作和成果都有很高的满意度。

此外，最有趣的是，从事公益事业的企业不仅能够做得好，而且往往做得更好！文章《18 家做得好的企业》（"18 Companies That Are Doing Good While Doing Well"）举例了美国运通、思科系统、星巴克、塔吉特、前进保险、Salesforce、联合包裹运送服务公司和全食超市（Whole Food）等公司的优秀工作成果。这些企业坚持以客户为导向，重视员工培养，创新思维并关注企业在社会中的影响。[1]

"行善者"企业也能盈利的原因之一在于部分消费者心态的改变，尤其是千禧一代和 Z 世代的出现，这些消费者往往受教育程度更高，他们会直接使用手机比较竞争对手的报价。与此同时，消费者不再只关注低廉的价格而是更加在意企业价值。企业对待员工是公平的吗？这是人们经常对沃尔玛和亚马逊提出的问题。企业关注空气和水污染吗？这是人们向钢铁和石油公司提出的问题。企业在广告和承诺中是否以合乎道德的方式对待客户呢？总的来说，客户越来越关注企业的价值观。

世界各地的企业和政府对于共同利益的认知程度大相径庭。例如意大利和瑞典。

首先是意大利。在米兰的一次演讲中，我的赞助人兼朋友彼得罗·圭多(Pietro Guido)给我讲述了意大利人是如何思考的。我告诉彼得罗，我不能理解伟大的意大利民族怎么会投票选出一个由贝卢斯科尼总理领导的政府。贝卢斯科尼充其量不过是一个浪荡子和小丑，虽然，意大利人值得拥有更好的总理。

彼得罗向我解释说：意大利人认为关注政治是没有必要的，典型的意大利人会首先考虑他们自己，其次会考虑他们的家人和朋友，然后才考虑他们的邻居，最后或许会考虑他们的城市。至于考虑他们的政府，意大利总理的频繁更换让意大利人看政府像看一出喜剧或者悲剧。意大利人经历了无数个一事无成的政客。此外，意大利公司正在为生存而奋斗，几乎没有精力做善事。

然后是瑞典。瑞典拥有着不同的文化，这个国家选择了一条介于极端自由的无政府模式和把控绝大多数企业的全能政府之间的道路。瑞典的政府和企业关注的是共同利益，他们希望国家的每一个公民都能增加收入、获得充分的教育和技能培训，并且拥有一个完善的医疗系统。瑞典的企业不主张追求利益最大化，他们考虑的是顾客、员工和合作伙伴的切身利益，他们希望每个公民都拥有健康的医疗系统、良好的教育、免费的大学，此外，还要削减军事开支和加大对基础设施建设的投资。这种思想立场具有很大的进步意义。

这种思维下，瑞典设立诺贝尔奖也就不以为奇了。阿尔弗雷德·诺贝尔(Alfred Nobel)通过发明适用于新建设项目土地清理的炸药而积累了巨额资产。他想要用他的资产进行公益事业，因此，他设立了年度奖项去奖励世界上那些提出了前沿的科学观点、创作了伟大的文学和对世界和平作出巨大贡献的人。

保护和推进共同利益的工作，不仅仅是企业和政府的事，也是世界上非营利组织和机构的事。红十字会便是最早创立以帮助公民和政府解决那些威胁人类生存的突发紧急情况的组织。许多非营利组织开始专注于疾病，例如成立美国癌症协会和美国心脏协会。许多富人建立了基金会，如福特基金会、卡内基基金会和洛克菲勒基金会，以寻找和资助伟大的事业。二战后，专门创建国际组织以追求共同利益，例如联合国、世界银行和国际复兴开发银行。

我们已经在以自我为中心的思维中走过了很长一段路。小说家汤姆·沃尔夫（Tom Wolfe），将 20 世纪 70 年代称为"自我的一代"（Me Generation）。婴儿潮一代注重自我。相对于集体主义，个人主义正在兴起。美国历史学家克里斯托弗·拉希（Christopher Lasch）在 1979 年出版的书籍《自恋主义文化》（*The Culture of Narcissism*）中提到，美国社会的自恋程度正在上升，并且这已经成为一种社会病态，而不仅仅是个体病态。[2] 这个时期见证了健康俱乐部、锻炼和新时代精神的兴起。这是一个十分强调自我的时代。在 1987 年的电影《华尔街》（*Wall Street*）中，演员戈登·格科（Gordon Gekko）说："没有比贪婪更好的词了"。贪婪是一种抓住了进化精神本质的纯粹驱动力。

然而，每个观点都有它的对立面。出生于 1978—2000 年的千禧一代有 9 500 万人，而婴儿潮一代则有 7 800 万人。千禧一代在政治、社会和哲学上表现得更加独立。他们在许多国家中都扮演着引领全面改革的角色。千禧一代更加关注家庭、价值和社会。埃里克·格林伯格（Eric Greenberg）在他的《我们这一代》（*Generation We*）中展示了这一代人如何将美国和世界变得更好。[3] 他看到千禧一代制定了一项渐进式变革计划，而当今青年已经作好了准备去执行这项变革计划。

渐进式变革是有意义的，即使它有时被落后的变革所掩盖。人们普遍认为我们生活在一个 VUCA 的奇怪时代，其特征为易变性、不确定性、复杂性和模糊性。这种变化用流行语来讲，叫做"嗨！外面太疯狂了"。总而言之,就是事物变化得太快。网络、数字化、机器人、智能手机、播客、网站、博客、全球化和技术正在创造一个崭新的世界。这些新事物不会消失,只会带来更多的变化。但是,渴望更安静、更平淡生活的人不希望世界的任何一个地方出现这种变化。保罗·高更在塔希提岛(Tahiti)找到了平静,但是,他今天在那里却找不到。

三个方向:地方主义、人道主义和世界主义。

专栏作家戴维·布鲁克斯(David Brooks)提出了一个问题:你最喜欢的社会范围是哪一个? 你的邻居、家乡、城市、州、国家还是整个人类? 他询问了许多人,并且绝大多数人表示他们最喜爱的是他们的邻居和家乡。仅有5%的人表示他们和整个人类有最密切的联系。[4]

可以理解的是,世界上的大多数人有一种狭隘的思维模式。他们专注于谋生、保护家庭和帮助社区,他们的兴趣和意见只集中在他们周围的环境上,他们的观点由他们的父母、学校教育、信仰和舆论环境所塑造,而这样的观点通常是有局限和僵化的。

每一个社区都有一些想要世界变得更好的人。他们有着人道主义的思维模式,想要提升人们的生活水平并减少人类的痛苦。他们往往是人道的、无私的、利他的、慷慨的和富有同情心的,热衷于帮助他人、提供饮用水和分发食物。他们或许是加入以提高生活质量为目标的组织的社会改革者,想要看到更多的合作、更少的竞争和更多来自不同背景的人的相互信任。

在每一个社会中,都将会有一些具有世界性思维模式的人。他们不受地方、省或国家的观念、偏见或依恋的束缚。他们将世界视为自己的家,他们是世界的公民。他们不是狭隘的人,可能是也可能不是人道主义者。

本书描述了人道主义的思维模式以及人道主义者如何帮助人们改善生活、谋取福利和提高幸福感。对于人道主义思维模式的精彩陈述，可以参考奥巴马总统对自己信仰的描述：

让我告诉你我相信什么。我相信纳尔逊·曼德拉的愿景；我相信甘地、马丁·路德·金和亚伯拉罕·林肯的共同愿景；我相信建立在人生而平等，并被造物主赋予某些不可剥夺的权利前提之上的平等、公正、自由和多种族民主的愿景；我相信被这些愿景所支配的世界是存在的，这样的世界能够在追求共同利益的过程中实现更多的和平与合作。这就是我相信的。

此外，我相信我们除了向前看之外别无选择，我们这些相信民主、民权和共同利益的人有更好的故事可以讲。我相信这不只是基于情绪的表达，而是有确凿的证据证明这一事实：世界上最繁华、最成功的社会，那些人拥有着最高的生活标准和最高满意度的社会，恰好是那些最接近我们所倡导自由、进步理想的社会，并且，这样的社会培养了公众的才能和贡献意识。

致　谢

本书极大受益于那些阅读过我整本原稿的专家学者。他们提供了很多有益的建议和评价。

我想要感谢的有：

- 来自印度的沃尔特·维埃拉(Walter Vieira)；
- 来自孟加拉国的赛义德·费哈特·安瓦尔(Syed Ferhat Anwar)；
- 来自巴黎圣母院的威廉·威尔基(William Wilkie)；
- 来自伊利诺伊州格伦科的加里·马塞尔(Gary Massel)；
- 来自得克萨斯州休斯敦的克里斯蒂安·萨卡(Christian Sarkar)；
- 来自佛罗里达州萨拉索塔的戴维·霍尔(David Houle)；
- 来自佛罗里达州萨拉索塔的南希·科特勒(Nancy Kotler)；
- 来自华盛顿特区的米尔顿·科特勒(Milton Kotler)。

目　录

第一部分

第 1 章　定义共同利益

> 每当有人为理想挺身而出，或采取行动改善他人的命运，或抨击不公正现象，他就会激起微小的希望涟漪。

——罗伯特·肯尼迪（Robert F. Kennedy）

本书的第一部分，我们将定义并研究共同利益，包括描述社会问题、定义公共产品、介绍社会活动家和改革者、评论社会运动，并阐述推进共同利益的工具。在第二部分，我们将使用以上研究结果来分析企业、政府和非营利组织可以单独或一同采取哪些行动来促进共同利益的实现。

本书将从共同利益（也称为公共利益或一般福利）的概念开始探究哪些人类行为和政策会促进共同利益，而哪些行为会削弱共同利益。

当向个人或团体询问什么样的价值观能促进共同利益时，他们往往会提到：

- 自由；
- 平等；
- 博爱；
- 机会；
- 正义；
- 安全。

所有这些都是"优质品"，而非"劣质品"。

美利坚合众国的缔造者们在 1776 年 7 月 4 日通过的《独立宣言》中阐述了他们对共同利益的理解：

我们认为这些真理是不言而喻的，即人人生而平等，造物主赋予他们某些不可剥夺的权利，其中包括**生命权、自由权和追求幸福的权利**。为了保障这些权利，人类才在他们之间建立了政府，**而政府之正当权力，是经被统治者的同意而产生的**。

1799 年，法国大革命的领导人将三种公共"优质品"放在他们的文化基因中：自由、平等和博爱。

1941 年，富兰克林·罗斯福在第七十七届美国国会讲话中指出，所有国家的人民都应享有的四项基本权利：

（1）发表言论和表达意见的自由；

（2）宗教信仰的自由；

（3）免于匮乏的自由；

（4）免于恐惧的自由。

二战结束时，富兰克林·罗斯福的遗孀埃莉诺（Eleanor）努力推动了联合国《世界人权宣言》（1948 年）的通过。

定义共同利益

共同利益的概念起源于两千多年前柏拉图、亚里士多德和西塞罗的著作，其目的是判断人类行为或政府政策是否有助于社会中大多数人的利益。如果该行动或政策对社会中的大多数人有利，则应获得批准。如果该行动或政策损害了社会中大多数人的利益，则应被否决。其潜台词是："行动或政策是否为大多数人带来了最大的利益？"正如威廉·贝弗里奇（William Beveridge）所说，"无论是战争还是和平，政府的目标从来不是统治者或特定种族的荣耀，而是普通人的幸福。"[5]

共同利益是相对个人利益和集体利益而言的。人们的日常行为都是围绕个人利益或集体利益展开的，但某些行为可能会损害共同利益。例如，2018 年通过的美国税改法案为美国的富裕阶层减少了数万亿美元的总税收。然而，如果新的税收法不是直接给富人减税，而是将这数万亿美元用于改善国家的教育和健康，那么这笔钱将惠及更多人。

哲学家约翰·斯图尔特·密尔（John Stuart Mill）认为，社会的目的应该是"捍卫和促进一般福利"，而不是提高任何特定群体的福利，如富人、企业主或其他精英群体。判断一个国家的好坏，应该看是否有任何一个庞大的群体处于不必要的贫困、饥饿或不利的处境，以致损害了国家的声誉。

美国支持和颂扬个人主义向来已久，这一理念对国家运作起到了很好的效果，保护了个人权利和主观能动性。此外，美国在合作建设道路、桥梁、港口和强化农业生产力方面具有丰富的经验。巴拿马运河、联合国、田纳西河流域管理局和罗斯福新政都是通过合作来改善共同利益的典型案例。

在 20 世纪 30 年代可怕的大萧条时期，罗斯福新政是政府追求共同利益的一个完美范例。许多美国公民失业，无家可归，亟需得到帮助。罗斯福建立了一系列机构来创造就业机会，并向失业者提供财政救助。这些机构包括公共资源保护队、联邦紧急救济署、公共工程管理局、土木工程管理局、工程进度管理局和国家青年管理局。在这一时期，政府愿意尽一切努力帮助那些无端受牵连的民众脱离困境。当人们被洪水、飓风或龙卷风等环境灾难压垮时，政府也应当采取类似的举措。

当重要政策拟定或出台时，人们关心的往往是此举能否助推共同利益。减少污染、男女权利平等以及监狱改革都将有助于共同利益，这是大多数人的共识。其他政策则需要更进一步的讨论和辩论，如：枪支管制会有助于共同利益吗？保护妇女的堕胎权利会有助于共同利益吗？

当推行有利于共同利益的政策时，将不可避免地损害一些人的利益。报社记者罗伯特·萨缪尔森（Robert Samuelson）评论说："我们面临着两种选择：一种是人们为了共同利益接受适度牺牲的社会，另一种是人们追求自身利益的更具争议性的社会。"[6]福利经济学家建议，从政策中受益的大多数人应该考虑向那些在政策中受到伤害的人提供合理的补偿。

一个饱受争议的问题应该如何解决？在民主社会，有三种方式可供参考（在此不考虑独裁式决策）。

1. 由全体公民就该问题进行投票，遵循少数服从多数的原则。该方法的弊端是很多人弃权或者对问题知之甚少。另一种方法是进行一次大规模的民意调查，以确定在哪些方面，大多数人将共同利益视作骗局。

2. 让政府的立法部门投票，遵循少数服从多数的原则。然而，立法者受到游说者、其所在政党和富人的极大影响，其最终的决定未必有利于共同利益。

3. 让当选总统来作出决策，并由最高法院对总统的决策是否符合宪法进行审查。这种方法最难代表公民对共同利益的看法，如大多数美国人支持枪支管制，但特朗普当政时则持相反意见。

实际上，国家更愿意让立法机构对共同利益作出决定。如果公众对立法者的决定不满意，公众最终会投票选举出新的立法者。

促进共同利益的最重要方法之一是鼓励反对者之间进行更多的公开辩论，这些辩论应该被媒体广泛宣传和报道。公众需要听到更多关于堕胎、性别多样性、枪支管制和移民等问题的立法提案可能结果的辩论。在法国，重要问题的公开辩论一直在电视上播出，而这在美国却十分罕见。

共同利益应该反映国家公民的普遍信仰和价值观。美国人相信法治、政府的制衡体系，尊重所有不同群体平等的政治权利和机会；他们相信良好的教育、医疗保健和安全的重要性；他们相信高质量就业、工作保障和社会正义。如果做到这些就不会有人食不果腹、衣不蔽体或居无定所。原则上，民主党人和共和党人都认同这些观点，尽管他们在如何实现这些价值观和信仰方面存在诸多分歧。

对金钱和权力的过度追求阻碍了共同利益的实现。商业公司通常认为他们的唯一目标是股东价值最大化，而不是客户、员工和社区的利益。商业公司和富人阶层都认为，他们应该将资金投入政治，以支持那些致力于减少监管并为股东实现更大利润的政治候选人。其结果是收入和财富不平等的急剧增长，这种不平等有利于经济精英的利益，却不包括普通公民的福祉。

哪些政策或行动能促进共同利益？这一问题饱受争议。美国南方希望维持奴隶制，北方则想废除奴隶制，由此美国陷入了世界上最为血腥的战争之一。尽管南方输了，但在美国内战结束近百年后，它依旧保持着种族隔离。南方坚持严格的种族隔离制度来保护其文化遗产。黑人被迫在用餐、礼拜、打篮球和上学时使用不同的设施，如不同的饮水机、洗手间、等候室和进出口，甚至可能会因为发表任何有利于社会平等或白人和黑人通婚的言论而被监禁。南方白人致力于捍卫他们的社会利益。大多数南方白人，包括神职人员和民选官员都支持种族隔离。

北方认为，更广泛的共同利益意味着所有公民都应享有平等的设施服务和待遇，而不仅限于白人公民。1965 年，约翰逊政府通过了《民权法》(the Civil Rights Act in 1965)，认为所有人都必须享有相同的权利。北方有权摧毁种族隔离制度和南方白人狭隘的共同利益观。北方这样做合理吗？答案是肯定的。南方的共同利益（生活富裕）建立在让数百万黑人生活贫困的基础上。北方的共同利益基于总体上有多少公民将享受"自由的祝福"。白人和黑人都应该有平等的机会获得和享受健康和幸福。从长远来看，白人和黑人都会受益。消除种族隔离，为尽可能多的人创造最大幸福——这也是"共同利益"的最终导向。

实现共同利益的复杂性

在解决一个激烈争论的问题时，双方都将争取有利于自己的解决方案。从长远来看，双方都认为各自的解决方案更符合共同利益，即使是理性的群体也经常会面临问题。在这些问题中，很难判断哪种解决方案将最大限度地实现共同利益。

回想 1947 年英国宣布归还印度独立时印度所面临的问题，占人口多数的印度教将统治印度，占少数人口的穆斯林将不得不遵守印度教制定的规则，穆斯林认为他们会被视为二等公民。当时穆斯林联盟的领导人穆罕默德·真纳（Mohammed Jinnah）坚持要建立一个名为巴基斯坦的独立伊斯兰国家。但圣雄甘地和贾瓦哈拉尔·尼赫鲁（Jawaharlal Nehru）都反对分裂印度，毕竟，几个世纪以来，印度教徒和穆斯林一直和睦相处。分裂还是统一，哪个方案会更好地实现共同利益？

英国总督路易斯·蒙巴顿勋爵最初主张保持印度的统一。然而，血腥的战斗不断发生，印度教徒和穆斯林互相残杀。于是蒙巴顿认定，分治是阻止血腥暴乱的唯一途径。他说服英国政府，在英国离开后，印度应该进行分治。分治发生在 1947 年 8 月 14 日，导致 1 200 万人流离失所：印度的穆斯林步行或乘坐火车到巴基斯坦，巴基斯坦的印度教徒步行或乘坐火车到印度。最终，两个种族之间出现了暂时的和平，宗教差异压倒了人道主义。分治符合共同利益吗？这场辩论还在继续，即权力和理性在这一共同利益事件中究竟扮演了什么样的角色。

我认为，应该始终本着促进健康和基本人权的精神，提出衡量共同利益的标准。如：是否有更多人的生活得到改善？即使问题很复杂，也要尝试共同利益测试。

北欧国家（瑞典、挪威、丹麦、芬兰和冰岛）开展了共同利益测试。这些国家拥有富人和特权阶层，但这些群体也确保了所有公民拥有免于匮乏和恐惧的自由。北欧的学生在成长过程中从他们的父母和同龄人那里学习良好的生活习惯和规范，成为知识渊博和负责任的公民。北欧商业公司追求利润，但它们不会忽视客户、员工和其他利益相关者的健康，也不会忽视环境和地球的可持续发展。此外，北欧政府还推行了许多政策，但他们把追求本国公民和地球的福祉和幸福作为头等大事。

美国公民对共同利益有一致的定义吗？

与大多数国家相比，美国的社会构成更加多样化。当美国人被问及身为美国人的想法时，答案各不相同。生活在最南方的美国人与生活在新英格兰或西海岸的美国人相比，回答是截然不同的。现在这一现象更加明显，因为更多的人生活在封闭的环境中，他们的境遇决定了他们接触什么、做些什么和经历什么。他们接受自己社群的观点，对于行动或政策是促进还是损害共同利益，民众各持己见。

最初的美国人逃离欧洲王权的压迫，来到美国寻求建立具有基督教传统的新自由社区。1630 年，约翰·温思罗普（John Winthrop）

谈到美国时说："我们将成为一座海上的灯塔，所有人的目光都注视着我们。"其他国家会向美国寻求灵感和道德领导力。

今天，在更世俗的时代，乔治·帕克（George Parker）用四种不同的说法来形容美国的特殊之处。[7]

1. 自由主义的美国。美国是一片公民为自己命运负责的自由土地，发生了共和党人颂扬自由市场活力的故事。美国人主要是消费者、企业家、工人和纳税人，很少有人谈到作为公民或拥有一个有效政府的价值。

2. 全球化的美国。开放和互联将会创造一个更加美好的世界。个人有权对等级制度进行扁平化、破坏不公平系统来改善自己和他人的生活。这是美国硅谷的看法。

3. 多元文化的美国。美国由来自世界各地的不同移民群体组成，这些群体对做美国人各执一词。问题在于每个群体只关注自身所在群体的利益，而忽略了共同利益。

4. 美洲之最：美国。这种观点强调了美国只关注自身利益，这恰好回应了一位专制领导人的主张，他希望通过行使个人而非民主的权力来让美国再次伟大，以保持白人人种的权力，并阻止外国人、移民和穆斯林进入或获得权力。企业和政府需要密切合作，来"保护就业"并击退竞争对手。

这四种说法的提出，表明美国存在着明显的民族认同危机，这解释了为什么国会不能解决棘手的国家问题。幸运的是，地方和区域层面的情况乐观一些。詹姆斯（James）和德博拉·法洛斯（Deborah Fallows）在出版的《我们的城镇：10万英里的美国心脏之旅》（*Our Towns: A 100 000-Mile Journey into the Heart of America*）一书中，描述了他们在明尼苏达州德卢斯市等数十个美国中小城市（宾夕法尼亚州伊利市、南达科他州苏福尔斯市、南卡罗来纳州格林威尔市和加利福尼亚州圣贝纳迪诺县）的探索经历。[8]他们遇见了领导者、工人、年轻人和移民，看到了在美国发生的许多美好的事情。他们看到公民努力重塑美国人身份的"美国性"。他们发现公民和移民正在改造和振兴图书馆、公立学校和医院。当地的美国人正在重新定义和重塑美国人的身份。地区的"美国性"情况比全国的情况更令人鼓舞。

许多历史悠久的美国城市正陷入困境，尤其是在当地的公司或产业逐渐衰落的情况下。这反过来导致越来越多的家庭搬离城市，城市的情况进一步恶化。当地市政府在努力阻止这种衰退，但政治和利益集团通常会阻挠任何有效的解决方案。宾夕法尼亚州兰开斯特市的情况就是这样。[9]距今不到二十年，这座城市正在走向消亡，占主导地位的公司——阿姆斯特朗世界工业公司日渐式微。最后，一小群商界领袖、教育家、慈善家、社会创新者和一些地方政府官员放弃了党派政治，共同努力展现企业家精神来重振城市。当地知名人士决定邀请他们能找到的最好的专家（他们请来了南卡罗来纳州查尔斯顿市市长）指导他们如何建设繁荣的城市。此外，他们还引进了一名质量专家和一名城市发展专家。

最终，该市选举了一位有雄心抱负的市长来实施新战略，他连任了三届。该市在十年内设定了四个大胆的目标：将贫困率降低50%，确保适龄儿童都能上幼儿园并掌握基本的学习技能，确保每个成年人都能上大学，以及确保每个公民都能获得医疗保健。等到市长任期届满，这些目标均已实现。兰卡斯特市充满着新的活力和希望，拥有繁华的美食街，并正在孕育新的文化，兰卡斯特市被《福布斯》评为"十大最酷的城市"之一。汤姆·弗里德曼（Tom Friedman）在引用这个故事时指出，当政府没有自上而下的解决方案时，通常会有无党派公民联盟提出自下而上的解决方案。

人类经历过进步吗？

哈佛大学认知心理学教授史蒂芬·平克(Steven Pinker)于 2018 年出版了一本 556 页的发人深思的书《当下的启蒙：为理性、科学、人文主义和进步辩护》(*Enlightenment Now：The Case for Reason，Science，Humanism，and Progress*)。[10] 他的基本论点是人类福祉的每一个方面都取得了实质性的进步，并用 75 张表现人类福祉变量(如寿命、收入、民主、平等权利、安全、识字能力、生计和幸福)的时间线行为图表来支持这一论点。随着时间的推移，每项福祉指标都有所改善，虽不是均匀的，但是显著的。自冷战结束以来，世界范围的战争、种族灭绝和独裁统治减少了。自 20 世纪 50 年代以来，世界经历了"一系列权利革命，包括公民权利、妇女权利、同性恋权利、儿童权利和动物权利"。

平克认为，一些幸福感指标可能会在某段时间内恶化。目前总体趋势显示出幸福感有所改善，但大多数人没有意识到这一进步。每日新闻重点关注不良事件，新闻编辑更喜欢"新闻中出现流血事件，这意味着它会上头条"的方法。每日头条新闻都是关于战争、恐怖主义、犯罪、污染、不平等、吸毒和压迫的可怕报道，不断提醒人们面临人口过剩、资源短缺和核战争的生存威胁。读者最终会产生一种悲观的心态，甚至存在主义焦虑。

平克希望提供令人信服的乐观理由。乐观主义者认为，世界可以变得更加美好，希望我们能看到"人们可以活到 80 岁以上，食物充足，水源充沛，废物高效回收，药物可以有效消除病痛，没有战争，安居乐业，言论自由，人人都有受教育的机会"的美好世界。

虽然随着时间的推移，幸福指数呈现积极趋势，但还有很多人在心理、道德和精神上感到被剥削,这可能会挑战平克的美好愿景。家庭生活因离婚而破裂,让许多人感到孤独和寂寞,"独自打保龄球"深刻描述了许多人的生活现状。许多人死于毒品,自杀率也在上升。人们感到与初心渐行渐远,对政府、政治家、企业、媒体和其他机构的信任度逐渐降低。随着宗教观点和道德价值观的削弱,许多人感到了"意义危机"。人们更加关注种族身份而不是国家身份,种族主义者倾向于对人类群体采取零和心态,即当有人赢时,就会有人输。

当我们关注幸福感时,不仅应该只看硬性统计数据,还应该关注心理、社会、道德和精神状态,以及它们随着时间的推移而发生的变化。

我们能像平克所说的那样过得更好吗?想想塞思·戈丁(Seth Godin)对 20 世纪 60 年代的描述。我们每个人都必须有自己的立场,即今天的生活和共同利益是否比 20 世纪 60 年代更好:[11]

> 20 世纪 60 年代,世界离彻底核毁灭只差一步之遥。白面包是一种健康食品,糖尿病和肥胖症相对罕见,报纸是大多数人了解新闻的方式。事情进展得非常快,快得可怕。妇女很少外出工作,而马丁·路德·金此时是一个不为人知的传教士。没有人拥有电脑,每年出版的书籍数量很少,每天花超过 45 分钟来了解时事几乎是不可能的。在弗吉尼亚州,黑人和白人结婚是违法的,同性恋结婚也是违法的。种族隔离在美国基本上没有受到重视。联合包裹运送服务公司(UPS)尚未提供上门服务,打个长途电话是件大事。空调很少,瓶装水还没有被发明,没有亿万富翁,电视只有三四个频道,电影只在电影院放映,大多数危险的疾病无药可医。空气和水很干净,但是人类会加班加点把它们弄得很脏。国会不是职业摔跤的场所。牛奶只有一种配方(全脂),人们不会频繁地跳槽,上过大学的人相对较少。

挑战：如何协调个人选择和共同利益

一个国家通常让公民自由发展喜好和生活方式。想象一下以下情况:单身汉约翰·史密斯选择晚上和男性朋友在酒吧里谈论体育和晚间新闻。和玛丽·约翰逊结婚的鲍勃·约翰逊选择在家中的办公室里静静地看书,玛丽·约翰逊正在楼下的电视机上看电影,他们的儿子拉尔夫正忙着在他的 iPad 上玩射击游戏。他们的女儿苏珊正在 Facebook 上和她的朋友分享新闻。这是寻常的晚间生活,国家没有理由干预,这些公民的选择对共同利益并不构成实质性影响。

第二天,单身汉约翰·史密斯正在吃午饭,他在麦当劳点了一个双层火腿汉堡,配有薯条和一大杯可乐。与此同时,鲍勃·约翰逊打算开着他的奔驰去 50 英里外的办公室开始一天的工作,他的妻子玛丽正准备在去参加读书俱乐部会议前用高磷洗涤剂清洗衣服,他们的儿子拉尔夫正计划参加支持枪支的游行,而他们的女儿苏珊正计划参加反堕胎的游行。

与前一晚的寻常生活相比,这一天充满了关于共同利益的问题。约翰·史密斯经常食用咸的、高热量的食物和含糖饮料,这种习惯最终会损害他的健康并缩短他的寿命。鲍勃·约翰逊选择了一辆油耗大的奔驰和一个离家 50 英里的办公室,这增加了城市的污染程度;玛丽正在使用一种高磷洗涤剂,这种洗涤剂最终会进入镇上的供水系统,污染饮用水;儿子拉尔夫不赞成枪支管制的游行最终会导致一些致命的枪击事件,这些事件可能会发生在他自己的学校;女儿苏珊加入支持反堕胎的游行意味着她想阻止一个因强奸而导致怀孕妇女选择是否堕胎的自由。

与前一天晚上相比,第二天这些公民的行为触及了许多共同利益问题。读者可以选择以下两种态度中的一种。

(1) 让这些公民过上他们选择的生活,不受任何干扰。

(2) 政府、教育工作者、卫生官员和营销人员使用某些激励措施、说辞或法律来干预某些行为,以便更好地为共同利益服务。

大多数情况下,自由主义者会采取第一种态度。公民应该有权规划自己的生活,不受干涉。即使他们知道这会带来不好的后果,自由主义者认为他们必须为自己的选择负责。

另一个称为“共同利益公民”的群体,他们倾向于通过教育来培养年轻人对共同利益、自身福祉和长期幸福的正确态度。他们倾向于用激励措施和辩论来指导人们形成共同利益行为。如果有必要,他们会支持用法律来阻止伤害个人、朋友和熟人以及其他无辜者的行为。

基本问题是一个国家如何在个人选择和共同利益之间实现更好的平衡。我们目睹了许多人的自毁行为:酗酒、吸烟、吸毒、赌博成瘾、虐待妻子。我们也目睹了不同群体之间的侵害或仇恨行为:压制选民、住房歧视、反犹太主义、反穆斯林主义、二手烟等。国家是忽视了这些行为,还是采取了行动?

无论国家是否采取行动,都会有个别公民和组织选择对他们眼中的“坏事”持有激进或改革的心态。马丁·路德·金在争取非裔美国人依法获得平等权利的斗争中就表现得非常英勇。一个国家不仅要有正确的法律,还要确保法律得到执行。

每个国家对于什么是国家的共同利益可能会有不同的观点。科林·伍德(Colin Woodard)在他的两本书《美国民族》(*American Nations*)和《美国人的性格》(*American Character*)中描述了北美十一个相互竞争的区域文化中普遍存在的关于共同利益的不同态度。[12]这不仅仅是简单地识别红色州(共和党人)和蓝色州(民主党人),而是如何将各种不同的政治态度融合成一幅最符合国家利益的共识图。

我写本书是为了帮助那些需要工具和指导的活动家或改革派，使其所在的地方、州、地区、国家或国际社会实现更大的共同利益。

英国正在衰退：如何应对？

企业、政府和非营利机构有能力提供更高水平的一般福利。然而，考虑一下最近困扰英国家庭和城市的经济问题。

漫步在英格兰西北部这座不起眼的小镇（诺尔斯），就如同在参观英国的紧缩时代的牺牲品。

旧的图书馆大楼已经出售，并被改造成有玻璃幕墙的豪华住宅。休闲中心已经被夷为平地，公共游泳池被拆除。当地的博物馆已经成为了历史，警察局已经关门……现在，随着当地政府拼命寻求将资产变现，位于市中心郁郁葱葱的布朗斯·菲尔德公园也可能在劫难逃……被卖给开发商……"每个人都使用这个公园"，杰基·刘易斯说，他在一个街区外的红砖房里养育着两个孩子。"这可能是我们最后一块社区空间，一个接一个消失，你最终只会沮丧。"自伦敦开始大幅削减对地方政府财政支持的八年里，利物浦的近郊居住区诺尔斯区的预算大约削减了一半。利物浦本身的资金来自中央政府——这是其最大的可自由支配收入来源——削减了近三分之二。英国大部分地区的社区都经历过类似的情况……"作为一个国家，'我们一直很残酷，现在让我们友好一点，照顾好每个人。'"鲍尔斯博士说："紧缩不是必须的"，他继续说道："这是一个政治选择，以不同的方式推动英国发展。除了使富人更富，穷人更穷，我看不出任何理由。"[13]

紧缩政策对英国来说是正确的解决方案吗？英国 20 世纪伟大

的经济学家约翰·梅纳德·凯恩斯会说紧缩是错误的解决方案,它阻碍了共同利益。凯恩斯主张通过印钞、创造就业和福利项目来"启动"萧条的经济。他向富兰克林·罗斯福提出了这个建议,罗斯福在20世纪30年代大萧条期间制定了一整套提供就业机会和提升美国精神的计划。我想进一步说,必须对富人征收更多的税来帮助他们的同胞。这是北欧国家的处理方式,他们相信帮助那些需要的人是第十一诫(the Eleventh Commandment)。

亚洲国家经常把社会目标描述为推动社会和谐,他们高度重视群体的福祉,而不是个人,非常强调社会的团结和稳定。

从美国的角度来看当今世界的状况

21世纪发生了许多重大变化,这些变化预示着权力和繁荣的根本地缘政治转变。

1. 美国的力量在20世纪达到顶峰。世界上只有一个超级大国——美国,美国有强大的盟友、技术和财富。然而,中国开始展现自己的实力,成为世界工厂,并在铁路、太空、机器人和太阳能领域进行投资;莫迪领导下的印度和普京领导下的俄罗斯提高了国际地位。西方殖民国家放松了对非洲的控制,权力从欧洲转移到亚洲,亚洲国家在经济增长方面远远超过西方。

2. 特朗普总统塑造了一种新的美国观念,这种观念背离了美国人长期以来坚持的价值观,即美国曾经不仅为自己,也为全球构建了一个更美好的世界。过去,美国运用外交手段结交了一系列稳固的盟友,但特朗普观点与此相左,他宣布了"美国优先政策",以"让美国再次伟大"。他使用谈判和交易而不是外交手段,取消了大量贸易协定,提高了关税,并抨击了加拿大、墨西哥、德国和英国等盟友。特朗普试图撤销奥巴马总统颁布的一切法案，如在没有任何替代方案的情况下叫停奥巴马医改计划。特朗普不断攻击我们的核心机构，包括媒体、司法系统、联邦监管机构、科学和艺术，导致公众对这些制度也越来越不信任。

3. 美国国会由两个对立的政党组成。很少有国会议员独立思考什么对国家有利。在推进法案的过程中，没有文明可言，执政党强行通过它所支持的立法，很少与另一方进行协商。

4. 民主国家最近选出了具有独裁倾向的民粹主义领导人。土耳其、匈牙利、波兰和菲律宾都是如此，这些国家领导人质疑民主规范、逮捕记者、扰乱法院。甚至在某些案件中，他们选择处决而不是监禁罪犯。

5. 随着数以百万计的人使用 Facebook、谷歌、Instagram、LinkedIn、Twitter、博客、播客和网站等数字和社交媒体，数字革命正在全面展开。电脑屏幕和电子游戏占用了人们的时间，大大减少了人与人的直接互动，导致了更多的孤独和孤立。

6. 越来越多的人转向网上购物而不是去实体店购物，大幅减少了线下零售和工作岗位。

7. 技术——人工智能、机器人和物联网——正在快速发展，减少了人类的工作岗位。尽管优步和无人驾驶汽车有诸多好处，但将大大减少出租车司机和卡车司机的就业岗位。

8. 人们越来越乐于融入三观一致的圈层或社群。以往大多数人阅览的国家官方媒体，如今正在失去藉由国家观维系公民团结的能力，阶层固化和两极分化日益加剧，阻碍了社群之间的文化沟通和理解。

9. 一些国家的生活已变得日益艰难和危险，如叙利亚、也门、委内瑞拉；或者机会太少，如刚果、乌兹别克斯坦、洪都拉斯、海地——

居民会不惜一切代价离开，哪怕冒着生命危险。世界上大约 13％ 的成年人（即超过 6.4 亿人）表示他们想永久地离开他们的国家，其中大约有 1.5 亿人表示愿意移居美国。[14] 如此多的人从非洲和中东涌入欧洲，以至于欧洲国家不得不停止或减缓移民速度。美国正在与 1 100 万非法移民和更多潜在的合法或非法移民进行周旋。对于这场移民风暴，二十国集团（G20）国家及其领导人必须就可接受的移民政策作出决定。

10. 一个重大的经济问题是，到底是通过政府放权，还是通过赋予政府更积极的监管角色来纠正社会弊病，才能更好地改善经济和社会秩序。

11. 主要的经济问题是阻止贫富差距的扩大，因为这会导致中产阶层的萎缩。经济增长非但没有改善所有人的生活水平，反而使财富集中在了少数人手中，这对民主政府产生了不利影响。越来越多的美国人感到不被重视、生活贫困、没有发言权和充满压力，认为资本主义通过掠夺穷人来使富人致富。除非通过税收或其他政策来更好地约束富人并分享经济收益，否则富人可能面临被没收财富甚至被革命的风险。

12. 所有这些发展都强调了共同利益的必要性。千禧一代正采取积极的改革运动，以改善人们的经济、社会和政治生活，这让我们看到了希望。

从联合国角度看当今世界状况

第二次世界大战的结束迎来了一个充满希望和繁荣的新时期。1989 年柏林墙的倒塌意味着共产主义在东欧失去思想阵地。1992 年，斯坦福大学历史学家弗朗西斯·福山（Francis Fukuyama）的《历史的终结与最后之人》(*The End of History and the Last Man*)一书出版，他在书中指出，西方自由民主将是人类政府的最终形式。[15]

这幅乐观的图景已经发生了很大变化。地球上的90亿人中，有70亿人生活在贫困之中。2015年，在可持续发展面临巨大挑战之际，联合国在纽约举行的会议上，简明扼要地描述了以下世界的悲惨状况。[16]

- 数十亿公民仍然生活在贫困之中，无法过上有尊严的生活。
- 国家内部和国家之间的不平等日益加剧。
- 机会、财富和权力存在巨大差距。
- 性别不平等仍然是一个关键挑战。
- 失业，特别是青年失业是一个主要问题。
- 全球健康威胁、日益频繁的严重自然灾害、旷日持久的冲突、暴力极端主义、恐怖主义和人道主义危机，以及人们被迫流离失所都有可能逆转近几十年来取得的发展成果。
- 自然资源枯竭和环境退化的消极影响，包括荒漠化、干旱、土地退化、淡水短缺和生物多样性锐减，使人类面临的挑战日益严峻。
- 气候变化是这个时代面临的最大挑战之一，其负面影响削弱了所有国家可持续发展的能力。
- 全球气温上升、海平面上升、海洋酸化和其他气候变化正在严重威胁沿海地区和低洼沿海国家，包括许多最不发达国家和小岛屿发展中国家。许多社会和地球上的生物支持系统的生存都面临威胁。

然而，这也是一个充满巨大机遇的时代，在应对许多发展挑战方面取得了重大突破。

- 在过去的一代人中，数亿人摆脱了极端贫困。

- 男孩和女孩的受教育机会均大大提升。
- 信息和通信技术的传播和全球互联互通具有极大发展潜力，可以加速人类进步，弥合数字鸿沟并发展知识社会，医药和能源等不同领域的科技创新也具有巨大的潜力。

15 年前，联合国成员国投票通过千年发展目标（MDG）。这些目标为发展提供了一个有远见的框架，并在一些领域中取得了重大进展。然而，非洲和内陆的发展中国家的进展并不平衡，一些千年发展目标仍然偏离轨道，特别是那些与孕产妇、新生儿和儿童健康以及生殖健康相关的目标。联合国再次承诺通过向最不发达国家提供更大规模的援助，全面实现所有千年发展目标。新议程以千年发展目标为基础，力求完成过去未能实现的目标。

联合国承诺：定义和发展共同利益

虽然每个国家都必须单独界定共同利益的内涵，但自 1948 年以来，联合国采取了若干举措来定义共同利益。

1948 年，联合国通过《世界人权宣言》。

2000 年，联合国宣布千年发展目标。

2000 年，联合国宣布全球契约。

2015 年，联合国宣布到 2030 年要实现的十七项可持续发展目标，涉及人类、地球、繁荣、和平，以及伙伴关系。

有关更多详细信息，请参见附录：联合国定义共同利益的工作。

你想住在哪个国家："最好的"还是"好的"？

2016 年发表的两项研究可以帮助我们了解是什么让一个国家

变得"伟大"。他们对如何定义一个国家的"伟大"持有截然不同的观点。沃顿商学院进行的一项名为"最好国家"（Best Country）的研究，根据60个国家目前和未来的经济表现和品牌形象吸引力对它们进行排名。[17]第二项名为"好国家"（Good Country）的研究由英国的西蒙·安霍尔特（Simon Anholt）开展，基于让全世界成为一个更美好的人类社会的目标，根据各国对其关心程度进行了排名。[18]美国在这两项研究中的排名截然不同，一项排名第四位，另一项排名第二十位。

在描述这些研究结果之前，我们认识到，每个国家的公民对他们国家的地位和愿望都有深刻的认知。美国人一直认为他们的国家是世界上最好的国家。世界上愿意移民到美国的人比任何其他国家都多。然而，一位政治候选人声称，美国已经失去了它的伟大，而他和他的政党是唯一能够重振美国的人。他借此赢得了2016年的美国总统选举。这就提出了一个问题：我们如何定义一个国家在"伟大"方面的排名？

"最好国家"的研究

三个组织赞助了"最好国家"研究——《美国新闻与世界报道》（*U.S. News & World Report*）、WPP旗下的BAV咨询公司和宾夕法尼亚大学沃顿商学院。沃顿商学院的戴维·赖布斯坦（David Reibstein）教授担任了领导者的角色。

研究人员调查了60个国家，收集了基于65个变量的数据，包括可持续性、企业家精神、经济影响、冒险精神和文化影响。超过16 200名商界领袖、知识精英和普通公民参与了这项研究。

研究人员调查了每个国家的经济表现和品牌形象吸引力。他们使用了复杂的分析工具来确定这60个国家的排名，十大最好国家依次为:德国、加拿大、英国、美国、瑞典、澳大利亚、日本、法国、荷兰、丹麦。

"最好国家"的研究人员还利用这些数据就 24 个问题上的表现对各国进行了排名,如哪些国家在事业、创业、投资、教育、育儿或退休保障方面排名最高。例如,三个最适合养育孩子的国家依次是瑞典、丹麦和加拿大;拥有最舒适退休生活的三个国家是哥斯达黎加、爱尔兰和加拿大。

"好国家"的研究

2016 年,西蒙·安霍尔特展示了"好国家"研究结果。这项研究不是根据一个国家的经济表现和品牌形象吸引力进行排名的,而是根据它们对共同利益的贡献程度(相对于其规模)对国家进行排名。国家的存在是纯粹为了政治家、企业和公民的利益服务,还是积极地为全人类谋福祉?该排名利用来自联合国和其他国际组织的广泛数据,表明一个国家是人类的净债权国,还是地球的负担,或者介于两者之间。

与"最好国家"研究中使用的 65 个变量不同,安霍尔特只使用了 7 个变量:科学与技术、文化、国际和平与安全、世界秩序、地球与气候、繁荣与平等、健康和福祉。

西蒙·安霍尔特的研究对 163 个国家/地区进行了排名。以下是"好国家指数"中排名前十位的国家:瑞典、丹麦、荷兰、英国、瑞士、德国、芬兰、法国、奥地利、加拿大。

西蒙·安霍尔特认为,国家并非孤岛,它们都是系统的一部分。如果国家失败了,我们都会失败。他发起了"好国家"研究,是希望改变领导人看待和管理国家的方式,认为"好国家"是一个需要传播的理念。他补充道："任何人都可以发起一个'好国家'项目，举办好国家派对，教授好国家课程，写好国家书籍，发表好国家演讲，创办好大学、好学校、好公司，甚至管理好村庄并组建好家庭。"

两项研究中的国家间比较观察

第一个要注意的是，排名前十的国家中有七个同时出现在这两项研究中，它们是德国、加拿大、英国、瑞典、法国、荷兰和丹麦。我们应该钦佩这些国家为共同利益所作的贡献，它们不仅在经济表现和品牌形象吸引力上排名靠前，而且还关心整个世界。

第二个需要注意的是，三个应该关心全世界的国家的排名并没有我们预想的那么高。这些国家空有资源，但无动于衷，它们是澳大利亚（18）、日本（19）和美国（20）。

第三，"良性"偏低的主要国家有：巴西（47）、印度（61）、墨西哥（62）、俄罗斯（78）等。这些国家非常自我，资源匮乏，存在棘手的内部问题。

第四，国际声誉最差的一批国家有：沙特阿拉伯（89）、巴基斯坦（111）和伊朗（130）。

我们承认，我们是在高度概括的基础上将国家分类为"最好国家"和"好国家"。每个国家都是复杂的，有着特殊的历史，包含各具特色的城市，并进行着多样化的活动。仅凭一些观察很容易对国家形成刻板印象。

你更愿意住在哪个国家？

哈佛大学的迈克尔·诺顿（Michael I. Norton）教授和杜克大学

的丹·阿里利(Dan Ariely)教授进行了一项研究,要求美国人在他们只知道每个国家收入分配的情况下,从三个国家中选择出他们更愿意居住的国家。[19]受访者被告知,他们不知道这三个国家中任何一个国家的具体收入,他们可能会变得富有或贫穷。A 国的收入分配是平等的,B 国的收入不平等程度适中,C 国的收入不平等程度很高。受访者被告知,这些都是假设的国家和收入分配。

结果是 92％的美国人投票支持 B 国这个收入不平等程度适中的国家。这一研究结果也呼应了在 2004 年美国大选的选民投票情况,不论是支持布什还是克里,不论他们的收入阶层如何,甚至不论性别,大多数选民都作出了类似的选择。只有很小比例的受访者投票给收入分配均等的国家 A。受访者没有被告知 B 国适度的不平等收入分配是仿照瑞典的,C 国高度不平等的分配是仿照美国的。这次投票表明,绝大多数美国受访者更喜欢生活在收入不平等程度适中的国家(瑞典),而不是收入不平等程度较高的国家(美国)。

这一发现引出了一个重大的经济问题,收入不平等程度中等的国家会比收入不平等程度高的国家实现更高或更低的经济增长率吗? 有人认为,在一个收入高度不平等的国家,经济增长会更快。他们认为 C 国民众有强烈的物质欲望,这将导致更多的职业道德风险和投资风险。其他人认为,B 国的经济增长可能更高,因为 B 国是一个收入不平等程度适中的国家,家庭生活将变得更加美好。如果后者是真的,那么当 C 国(美国)的收入不平等程度降低时,可能会实现更高的经济增长。[20]

结　论

定义共同利益并非易事,其中有很多变数。联合国为制定改善世界的目标做了充分工作，最终确定了实现共同利益的一致目标，并得到了成员国的广泛认同。

以上，我们研究了人们是更愿意生活在一个"最好国家"（以经济规模、实力等为衡量标准），还是一个"好国家"（以国家对公民福祉的关心程度为衡量标准）。我个人更喜欢生活在一个"好国家"。一个好的国家应该致力于提高普通公民的福祉，而不是增加公司或富人的财富，这就是美国作为一个"好国家"的不足之处。

现在我们需要更深层次地探讨共同利益的概念和衡量方法。

第 2 章　评估拟议行动对人类福祉和个人幸福的影响

人类的道德弧线很长,但最终通向平等。

——马丁·路德·金

决策者在作出选择时会列出若干行动或方针策略。显而易见,当决策者秉持社会思维时,他们将会作出最有利于共同利益的选择。同时,那些忽视共同利益最大化,只考虑特定个体或社群利益的决策者也会失去民心。

杰里米·边沁与"为最大多数人争取最大利益"

英国哲学家、法学家和社会改革家杰里米·边沁(Jeremy Bentham,1748—1832 年)是将人类行为和政策如何影响共同利益系统化的第一批思想家之一。他提出了"最大幸福原则":任何正当的行为都有助于幸福最大化。边沁认为,可以通过判断个体行为是否增加了其他个体的幸福感来确认其效用。这里的效用是指某件事或某行为提升人们幸福感的程度。随后,功利主义成为这种道德哲学的代名词。

边沁从享乐主义的角度来定义幸福,即体验快乐和规避痛苦。边沁表示,快乐和痛苦可以用强度、持续时间、确定性、接近度、感染性和纯粹度来衡量。如果一个行为既产生快乐又产生痛苦,且快乐超过痛苦,它就会产生效用。

边沁的道德哲学旨在为那些感兴趣的人创造更多幸福,而这需要对发生的每一个行为是增加还是减少个人、群体或公众的总体幸福感进行判断。

边沁曾断言，一个优秀的人会关心他人的幸福，因为每个人的幸福紧密相连。

"谁的幸福增加了"重要吗？边沁坚持"人人生而平等"的原则，所以总体幸福的增加优于个人幸福的增加。但是一些批评家对此提出质疑，认为有些人的幸福比别人更重要，例如，使好公民获得幸福比坏公民获得幸福更重要。

那么"幸福的类型"重要吗？边沁并不关注这个问题，但约翰·斯图尔特·密尔（1806—1873 年）认为，培养理智思维比创造更低（通常是身体上的）水平的快乐更有成就感。如今，心理学家区分了两种类型的幸福。[21] 享乐型幸福被定义为增加快乐和减少痛苦。这种快乐令人满足，但转瞬即逝。理智型幸福被定义为树立目标、发现意义、深度思考，甚至开悟。密尔把理智型幸福置于享乐型幸福之上。然而，边沁并不希望使用这种划分方法，他认为这种方法很难清楚地衡量不同类型的幸福中有多少是为了共同利益而产生的。

密尔补充了另一种见解：世界上有如此多的痛苦，因此道德哲学家应该更多地关注消除痛苦，而不是增加快乐。他的立场是寻找那些减少众生痛苦总和的办法，来让各方受益。

边沁关于创造幸福总量的观点在现代被转化为利益成本分析法（benefit-cost analysis，BCA）。许多企业和政府用 BCA 来决定哪一个项目的成本收益更高。此外，BCA 还拥有另一个术语：经济影响分析。

共同利益可以被衡量吗？

近日，我的一位同事断言："共同利益只是一个哲学概念，而不是决定正确行动和方针策略的准则。"他表示，个人和团体之所以采取行动是为了满足他们自身的利益，而不是共同利益。他将代表大会的工作视作一种化解利益冲突的讨论，并认为积极的集体妥协是"共同利益"最接近实际的晴雨表。

通常辩论中的每一方的观点受到挑战时，都会声称其立场将会为社会带来最大程度的共同利益。如支持堕胎合法的人会说，让孕妇自己决定是否堕胎是推进共同利益的表现；反堕胎倡导者说胎儿将是一个独立生命，保护胎儿的生命是为了共同利益。政治实质上是利益和争论的竞赛。当民意测验显示支持堕胎合法比堕胎违法获得更多认可时，一个公民应该得出什么结论？就人类整体视角而言，这难道不是一个更好的衡量共同利益的标准吗？国民议会却有意忽视了这点，这是为什么呢？

假设一个政党支持削减富人的税收，另一方则反对。通过对富人增加税收来帮助穷人，将产生更大好处，这难道不是显而易见的吗？我们认为，应该公开讨论行动和方针策略是否能为大多数人创造最大的利益。

一些社会活动家和改革者认为他们的使命是增加共同利益。社会运动（劳工运动、环境运动、妇女运动和几乎所有其他运动）之所以成功，是因为公民基本认同这些运动会增加共同利益。不管活动家和改革者的其他动机是什么，利他主义是根本动机。当公民呼吁控制气候以保护地球上的生命时，他们是在为共同利益而努力。共同利益虽然复杂，但我不认为它只是一个哲学概念，而应有更大的用处。

福利经济学

福利经济学是经济学的一个分支，是旨在量化人类干预对改善社会福利影响的谨慎尝试。经济学家利用福利经济学来研究政府如何选择改善社会福利的政策。他们认为，如果一项政策可以使大众生活得更好，特别是那些受益的人能够充分帮助处境糟糕的人，那么可以说这项政策是可取的。如果那些处境糟糕的人接受了救济，我们可以说总体福利得到了提高。

可以使用以下几种标准来判定一项政策或行动是否增加了共同利益。例如，如果一项新提案是使用一种新的癌症药物来代替以前的药物，那么有效判断标准是：它能否拯救更多病人？即使它不能拯救更多人，那么它是否减轻了病人痛苦？

但在某些情景下，标准的衡量往往十分复杂。如枪支管制会挽救更多生命吗？在支持还是阻碍强有力的劳工组织之间，谁更有利于增进共同利益？增加同性恋权利和降低刑期会增进还是减少共同利益等。

共同利益的促进通常会受到以下条件的阻碍：

- 不完善的市场结构，如卖方垄断、买方垄断、卖方寡头垄断、买方寡头垄断和垄断竞争；
- 生产要素配置效率低下；
- 市场失灵和负外部性；
- 价格歧视和价格欺诈；
- 信息不对称，委托代理问题；
- 自然垄断下平均成本的长期下降；
- 特定类型的税收和关税。

社会福利理论提出了许多有趣的问题，但往往不是适当评估公共干预的指南。

埃里克·波斯纳（Eric Posner）和格伦·韦尔（Glen Weyl）在他们的著作《激进市场》（*Radical Markets*）中，描述了一个有趣的增加共同利益的建议。[22]他们提出了一个新的民主管理体系,既能保护少数族裔的权利,又能带来更大的经济增长。每个公民每年都将获得平等的"发言权",用于在集体决策中投票。只要公民有足够的选票,就可以自主决定在特定问题和候选人上的投票数量。公民可以节省在不关心或不了解的问题上的选票,以换取在他们最关心的问题上的选票。少数族裔可以投票否决那些威胁要压迫他们的民粹主义政客,而公民可以选择他们心中最佳的国家领导候选人。选民按照问题对他们的重要性程度进行投票,这将有利于作出实现最大共同利益的社会决策。

个人幸福感和健康水平应该被最大化吗?

今天,大多数国家以国内生产总值(GDP)来衡量国家的进步,这一指标反映了企业生产的所有商品的美元价值。在 GDP 与幸福之间有一个普遍假设:如果一个国家的 GDP 上升,则幸福感也会上升。

这是一个误区,原因有三点:

1. GDP 的增长并没有说明如何分配更高增长带来的利益,我们甚至可以想象,高 GDP 增长下的穷人越穷、富人越富。只有 GDP 的增长为每个人带来收入的增长,我们才能说总体福利得到了提高。

2. GDP 的增长并不能反映经济结构或质量。烟酒消费和枪支销售推动 GDP 的增长,但这并不意味着公民幸福指数提高。即使商品平均质量下降,GDP 也会增长。

3. 我们忽略了实现 GDP 的增长所付出的代价,如:空气污染、水污染、交通堵塞、严重的加班,以及很少闲暇现象。

显然,我们需要一个比 GDP 更能直接衡量共同利益增长的指标。如以下这两个衡量标准:个人幸福感和健康水平。

衡量标准一：个人幸福感

幸福感很难衡量，因为其每天都在变化。幸福感会受到重大负面事件的影响，如失业、离婚或严重健康问题。当交到一个好朋友，参与一项有意义的活动，并对他人的生活产生良好影响时，幸福感便会得到提升。

我们可以让人们采用五分制的方法来表示总体幸福水平，其中一分表示非常不幸福，五分表示非常幸福。"大多数时候，你会把自己描述成一个非常不快乐（1）的人，还是一个非常快乐（5）的人，或者介于两者之间的人呢（2，3，4）？"我们可以试着衡量个人幸福感与各种个人因素之间的关系，比如背景、宗教信仰、职业、年龄、教育和收入。在这一部分，我们忽略了幸福是享乐型还是理智型。

经济学家理查德·伊斯特林（Richard Easterlin）在 1974 年发表了一篇著名的论文，题为《经济增长改善了人类的命运吗？》（"Does Economic Growth Improve the Human Lot?"）。[23]在比较了几个国家的人均收入和幸福水平后，没有发现收入和幸福之间的相关性，甚至在某些国家，一些最贫穷的人是最幸福的。然而，在随后的研究中，他发现在一个特定的社会中，非常贫穷的人通常不快乐，而非常富有的人通常是非常快乐的，但中间水平的相关性很小。一旦人们有足够收入来满足需求后，总体幸福就不会随着财富的增加而增加了。

首先，幸福感在一定程度上是由人的基因决定的，有些人生来就有积极的人生观，而另一些人则有消极的人生观。

其次，幸福感在一定程度上取决于这个国家的宗教和文化特征。一个人的人生观可能与他是否信仰天主教、新教、犹太教、印度教、伊斯兰教等有关。我有个朋友甚至一直在改变他的宗教信仰,希望找到一个能让他永远快乐的宗教。

当一个美国家庭的收入接近 7.5 万美元时,家庭的幸福感就会增加。家庭成员不必担心是否有足够的收入来获得足够的衣食住行。然而,当收入超过 7.5 万美元时,幸福水平可能不再与收入高度相关。百万富翁可能不快乐,因为他想获得更高的收入。亿万富翁可能不开心,因为他需要花很多时间进行资产管理,并确保他的助理没有欺骗他。

虽然国民幸福指数和收入之间的相关性很小,但国民幸福指数(GNH)的计算受到了越来越多的关注。1972 年,不丹的国王吉格梅·辛格·旺楚克(Jigme Singye Wangchuck)提议在 GDP 的基础上使用一种新的衡量标准 GNH。[24] GNH 得到了大力宣传,如今,英国、法国、丹麦、巴西等都在开发或使用国民幸福指数。

旺楚克国王认为,幸福发生在物质和精神共同发展并相互促进的时候。他提出了 GNH 增长的四大支柱:可持续发展、提升文化价值、保护自然环境和善治善能。也就是说,如果经济增长,文化氛围浓厚,自然环境优美,政府力求保障公民利益,那么公民可能会更幸福。

衡量标准二：健康水平

在一个社区或国家,衡量健康水平比衡量幸福感更容易。这个人健康吗? 受过教育吗? 有足够的收入吗? 所有这些都是个人幸福的社会指标,即社会健康。

2006 年,国际管理学院院长梅德·琼斯(Med Jones)提议跟踪七个与社会健康相关的领域:[25]

1. 经济健康：由消费者债务、平均收入与消费者物价指数的比率、收入分配等经济指标表示。

2. 环境健康：由污染、噪音和交通等环境指标表示。

3. 身体健康：指的是身体健康指标，如严重疾病。

4. 心理健康：指的是心理健康指标，如抗抑郁药物的使用和心理治疗患者数量的变化情况。

5. 工作场所健康：指的是劳动环境指标，如失业索赔、工作变化、工作场所投诉和诉讼。

6. 社会健康：由社会指标表示，如歧视、安全、离婚率、家庭冲突和家庭诉讼、公共诉讼和犯罪率。

7. 政治生态健康：由政治指标表示，如当地民主的质量、个人自由、外国冲突。

评估个人健康而不是幸福感使衡量个人幸福这个问题有了更坚实的基础。社会健康是指有足够的食物、衣服和住所，身体健康，教育良好，有工作和技能等。我们认为社会健康水平高的人也有高的幸福水平。然而，其他因素可能会介入：

- 社会健康水平高的人可能不快乐，因为他们会在对比中产生嫉妒。美国著名经济学家托尔斯坦·凡勃仑（Thorstein Veblen）曾谈到羡慕别人社会地位的痛苦。许多富人进行炫耀性消费只是为了给别人留下深刻印象。[26]
- 社会健康水平高的人可能不快乐，因为他们没有找到更高的生活目标，或者他们没有发展出某种技能或关系网络。

人类发展和社会进步指标

1990 年，巴基斯坦经济学家马赫布卜·乌尔·哈克（Mahbub

Ul Haq)引入了人类发展指标(HDI)的概念,这是一种将衡量幸福的标准重点从国民收入转移到以人为本的衡量策略。2002 年至 2006 年,美国的个人收入下降,但 GDP 继续增长,该指数(HDI)开始上升。西方政府开始认真看待 GDP 以外的福利和幸福指标。2010 年,印度经济学家、诺贝尔奖得主阿玛蒂亚·森(Amartya Sen)强烈主张在衡量人类发展和社会满意度时绝不能被单一指标所蒙蔽。

迈克尔·格林(Michael Green)在 2012 年提议制定一个侧重于社会和环境需求的社会进步指数(SPI)。在这一指数中排名靠前的国家和企业将具有优势,因为它们能够将质量承诺与积极价值使命结合起来。

与共同利益为敌的制度

一些经济/政治制度就其本质而言是不利于共同利益的,比如法西斯主义、威权主义、极权主义和帝国主义。然而具有讽刺意味的是,许多政治制度都是以共同利益的名义建立的。最终创造了一个牺牲大多数人自由而让小部分领导人受益的制度。

第二次世界大战后,一百多个国家进入了自由民主的时代。但如今,许多国家独裁主义又盛行起来。

美国前国务卿马德琳·奥尔布赖特(Madeleine Albright)认为,法西斯主义者是"那些大张旗鼓声称为整个国家或群体说话的人,但他们并不关心他人的权利,且愿意使用任何必要的手段——包括暴力——来实现自己的目标"。[27]在这一过程中企业和国家权力通常会合并。另一名法西斯主义的观察者罗伯特·O.帕克斯顿(Robert O. Paxton)对此给出了一个更详尽的定义:

法西斯主义可以被定义为一种政治倾向，有着显著的社会倒退、羞辱和受害心理倾向，并对于国家统一、绝对力量和血统纯正有着盲目的崇拜，在这种社会里以公众为根基的激进民族主义政党与传统的精英分子联结——进行并不稳定但仍能有效合作，抛弃民主自由并追求暴力，以及追求没有道德或法律限制的内部清洗和外部扩张的目标。[28]

20世纪30年代，意大利与德国公民分别投票支持墨索里尼和希特勒作为国家元首，他们认为这些人将带来秩序和繁荣，并将消除剥削人民的不良组织。但这些领导人最终采取了专制的措施来实现承诺，定义他们认为的真、善、美，并要求其他人接受，否则就面临免职或入狱。这些国家的公民获得了小恩小惠，但他们失去了独立思考和行动的自由。最终，公民开始害怕偏离群体思维，许多人选择告发偏离领袖信仰和价值观的群体。

美国有可能滑向独裁吗？2017年5月13—16日，特朗普在弗吉尼亚州夏洛茨维尔的抗议活动中发表的言论，似乎让他对愤怒的美国白人（包括三K党成员和纳粹）感到放心。[29]后来，特朗普抱怨说，民主党人在他的首次年度总统演讲中没有鼓掌。此后，特朗普对普京（俄罗斯）等国家的领导人表现出了极高的个人尊重，并严厉批评了加拿大、墨西哥、西欧等西方民主主义领导人。人们感到特朗普会忽视长期坚持的民主规范，为所欲为。

走向独裁主义的共同标志是：(1)强调民族主义和爱国主义；(2)将特定人群标识为共同的敌人；(3)军方获得的资金预算与国家总预算相比严重失调；(4)高度关注国家安全；(5)控制或抨击大众媒体；(6)宗教势力和政府盘根错节；(7)保护和加强公司权力和特权；(8)劳工权利受到压制；(9)蔑视知识分子和艺术；(10)沉迷于犯罪和惩罚；(11)选举受到选举法和选区重划的操纵；(12)任人唯亲和腐败猖獗。

马德琳·奥尔布赖特为防止正常国家陷入独裁政治体系,提出了改善共同利益的解决方案:"实行政商分离,改善公民教育,捍卫新闻独立,实行轮岗制度,加强宗教交流,约束互联网行为。"[30]

结　论

公民必须表态增加 GDP 是否为我们社会的核心目标。值得一提的是,越来越多的国家正试图在 GDP 中增加第二项指标——国民幸福指数(GNH)、国民幸福总值(GNW)、人类发展指数(HDI)或社会进步指数(SPI)。如果这些指数中有任何一个上升,为大多数人谋福利的共同利益就提高了。

第3章 保护和提升公共产品

> 每个人从妊娠之初到寿终正寝,都在被迫接触危险化学制品,这种情况在人类发展史上还是头一次出现。
>
> ——蕾切尔·卡逊,《寂静的春天》(*Silent Spring*)

社会主要生产私人产品,但也生产公共产品。公共产品是由政府生产或保护的社会必需品,而这些是企业不想生产或没有能力生产的。历史上所有社会都生产过公共产品。

大多数人希望警察、消防员、教师、军队和政府官员来执行社会中最重要的任务,因为他们的工资是由国民税收支付的。然而,总有些人对公务员吹毛求疵,认为他们效率低下或没有存在的必要。他们希望政府缩减规模,并主张将几乎所有的业务都交由私营企业完成。我不同意他们的看法,我认为一些必要的民事活动由政府来做比由私营企业来做更有效率。

公共产品的范围很广(见表 3.1 公共产品的例子)。然而,大多数公民对公共产品的认知并不清晰,导致其对公共产品在民主制度中发挥的重要作用知之甚少,对此我们需要提出三个问题:

(1)公共产品为什么会存在?

(2)哪些问题影响公共产品质量?

(3)一个国家应该增加还是减少公共产品的数量?[31]

表 3.1 公共产品的例子

安全和保障

911 紧急呼叫服务;街道照明;消防和警察保护;天气预报;自然灾害预报;人行道;绘制海洋、海湾、通航河流和湖泊图表;除冰扫雪;街道清洁;工作场所安全;监狱;救灾/救援;灾害和紧急情况下的公共信息;空中交通管制;航海导航标记;国防;工作场所和工人安全

续表

食品和药物安全

食品安全法规；食品检验；药品监管；产品安全法规（烤面包机、工具）；婴儿用品安全（汽车座椅、婴儿车、婴儿床、奶嘴）；车辆安全标准；车辆安全检查；缺陷产品召回

金融安全

失业保险；老年、幸存者和残疾保险；职业培训；工作培训计划；抚恤金保险

基本需求

水、食物、住所

标准

水质标准、清洁空气标准、度量衡（气泵、秤）、时区

保护

公用事业监管；保护消费者的"柠檬法"；银行存款保险；银行监管；监管投资银行和衍生品交易；污染治理；环保研发；保护自然资源——洁净的空气、干净的水、清洁的海滩、茂盛的树木；核废料场地清理；自然保护区；野生动物保护

历史文化保护

图书馆；博物馆；历史文献、记录和史前古器物

健康

食品营养标签；废物处理条例；公共卫生设施；群防群控；大众健康；疾病预防；健康保险；毒素/毒物标签；危险药物标签

个人娱乐和身体健康

公园；游乐场；运动场；慢跑道；自行车道；公共海滩；自然保护区

扶持市场：商业活动和商业支持

法律制度；合同和产权执行；专利制度；货币体系、小企业贷款/融资；出口促进和支持；制造业推广计划；农业推广服务

创新培育

医学和技术研究；科学研究；其他基本研发投资；太空计划

学习和知识

通过教育使大众识字；K-12教育和高等教育；学前教育（美国部分地区）；图书馆；学生财政援助；成人基本教育；博物馆（艺术、历史、科学等）

基础设施

街道；县和州公路；州际公路系统；桥梁；大坝；运河堤坝；水闸；机场；航运港口；发电（如水力发电）；电网改善；货币体系；货币；货运服务；包裹递送；公共交通；废物管理，确保公共卫生设施—下水道系统；废水管理；气象卫星；邮政系统；合同执行；产权执行；法院；民事法律；刑法；人口普查；就业和失业数据；工商业统计；经济统计数据；出生及死亡登记；土地所有权登记

资料来源：琼·塞克拉（June Sekera），塔夫茨大学公益研究所创始人和所长，全球发展与环境研究所研究员。"Re-thinking the Definition of 'Public Goods'"，*Real-World Economic Review*，July 9，2014. https://rwer.wordpress.com/2014/07/09/re-thinking-the-definition-of-public-goods/. 允许转载。

公共产品为什么会存在？

每个社会都需要一套法律、保护措施和保护者(警察、消防人员和士兵)、安全标准和商业基础设施(道路、桥梁、港口、银行)。除非政府提供充分必要的公共产品，否则企业无法有效地生产私人产品。政府的工作是创造适当数量和类型的公共产品，使企业能够满足公民的私人需求。

在代议制民主中，政府通过公民集体投票来选择公共产品。例如，公民可以投票将当前基于盈利性保险公司的医疗保健系统改为基于联邦政府运行的单一付款人医疗保健系统(一种由税收资助的全民医疗体系，覆盖所有居民的基本医疗费用，费用由公共系统独家支付)。另一种选择是，公民可以投票给私人投资计划来否决现有的公共产品，如社会保障。

公司的业务是创造私人产品以获利。没有一家公司会修建道路，除非政府支付道路建设费用或允许公司收取通行费。美国公民集体决定他们的公路是免费还是收费。但公民必须承认，他们将缴纳更高的税费来使用公共产品，如免费道路。公民还意识到因为政府不从事盈利业务，因此政府在生产公共产品方面的成本通常较低。

琼·塞克拉认为，公共产品的产生有三个原因：

1. 缺乏有效市场。由于公共产品的成本高得令人望而却步，或者回报率低、回收期长，公司普遍缺乏投资的动力。政府别无选择，只能以政府财政为代价生产公共产品。

2. 正外部性。特定公共产品的经济和社会效益巨大，具有积极的外部效应，所有民众均可免费使用。

3. 自然垄断。只有一个供应商时，市场可以最有效地提供商品，但价格对很多公民来说可能太高了。在这种情况下，政府应该对垄断产品进行干预来让利于民。

许多产品由于供给困难已经变成了公共产品，比如国防、法律和秩序。经济学家约翰·肯尼思·加尔布雷思（John Kenneth Galbraith）将公共产品定义为"不适合（市场）生产、购买和销售的物品。如果要为一个人提供，则所有人都应可以使用，且必须集体支付，否则就无法获得"。

区分公共产品和自然产品是非常重要的。空气、水和土地都是自然产品，空气是自然产品，而清洁空气是一种公共产品。土地是自然产品，国家公园则是公共产品。公共产品的创造是为了保护自然产品。

哪些问题影响公共产品的质量？

政府需要保护和维护高质量、高服务、低收费的公共产品，而不是建造坑坑洼洼或照明不足的道路，也不是建造夜间危险或布满垃圾和老鼠的公园。

政府应该建设和维护高质量的公共产品，否则它们将会逐渐受损和贬值。如海洋面临许多威胁，过度捕捞正导致某些鱼类减少甚至灭绝。此外，可怕的有毒化学品和塑料倾倒在海洋中，会危害海洋系统。

如空气质量问题，交通污染和工业生产排放物威胁着空气质量。除非我们建立"气候法规政府机构"，否则空气质量会变得更糟。

除了以上提到的一些公共资源，还有其他公共资源需要更好的管理和保护，如土壤、动物物种、植物生命、森林和公共公园等。

公地悲剧

政府有时候不得不限制某些公共产品的使用，以保护其质量。

假设两个牧羊人在自己的土地上放牧，他们之间有一片开阔的公共土地。对这两名牧羊人来说，将他们的羊带到公共土地上吃草的成本为零，其他的牧羊人同样如此。这片公共土地的牧草将被掠食一空，最终导致过度放牧。在此之后，牧羊人继续寻找免费的公共土地，不断复制这一掠夺模式。

同样的过度使用也可能发生在森林或湖泊，最终导致过度砍伐和过度捕捞，并使其失去原有功能。

这种对公共资源的滥用被称为公地悲剧。如何解决呢？现有两种解决方案：一种是政府限制牧羊数量，另一种是向牧羊人收取高额费用来维护公共产品，许多政府都会收费发放狩猎和捕鱼许可证。

以水资源短缺作为分析对象，主要面临以下问题：在世界许多地方，水资源越来越稀缺。印度使用了世界上一半的水资源，且没有有效利用，但事实上可以借助以色列的滴灌技术改善现状。政府可以使用许多措施来控制用水量，如提高水价、鼓励市民减少洗澡次数、减少给草坪浇水的次数、设置工农业用水上限、防止石油和天然气水力压裂耗水过多等。一些权威人士大胆断言，第三次世界大战将因水资源而爆发，届时又将是一个公地悲剧。

管理公共资源需要遵守某些一般原则。公共产品管理者是为特定受益人服务的受托人，必须没有利益冲突，一般原则是：

- 公共产品管理者不得降低资产的继承价值。
- 公共产品管理者有权限制资产的使用以保护其价值，包括收取使用费用。

- 公共产品管理者必须用所得收入来维持资产，并可以将任何盈余分配给受益人。
- 公共产品管理者需要公布每季度的收支，并每年向所有受益人准备一份完整的公开报告。

一个国家应该增加还是减少公共产品的数量？

现有公共产品的数量会随着时间的推移而变化，一个社区可能决定用私人产品取代公共产品。一些村庄曾经依靠公民志愿者提供消防服务，后来，消防成了营利性公司提供的私人产品，再后来，消防成为由政府支持的消防站提供的公共产品。另一个例子是，学校曾经只为那些有能力支付学费的家庭提供服务，如今，学校教育是所有儿童均可享受的公共服务。

除了时间因素外，可用公共产品的数量也因地区、地域而异。在许多欧洲国家，全民免费医疗一直是公共产品。然而，它在美国是一种私人产品。大学教育在一些欧洲国家是免费的，但在美国是私人产品。公共产品的判定，与其说取决于它的内在特征，不如说取决于特定社会中盛行的社会价值观。

美国有一大群反政府公民，他们支持私有化和市场化，希望尽可能地限制政府权力。除了将政府职能限制在提供基础设施、法律、国防和基础教育之外，他们主张将政府所有其他职能转交给私营企业。

想想私有化在美国已经蔓延到了什么程度。过去，政府将监狱作为一项公共产品来提供和管理，现在，许多美国监狱由私营公司提供并管理。私人监狱的管理效率更高吗？可能不会，而且他们也可能不太人道。然而，私人监狱成功地减少了政府不断出现的预算问题。类似的私有化过程也发生在美国陆军，尽管军队通常由国家公民组成，但如今也越来越多地纳入收费高昂的雇佣军，以更好地在外国开展军事行动。

市场化是指创建一个商业市场来解决问题而不是让政府来处理问题的过程。政府选择建立一个限额交易系统，在这个系统中，企业被分配污染信用额度，并可以公开买卖交易。

诺贝尔经济学奖得主保罗·萨缪尔森对公共产品作出了定义，目的是让政府在数理经济学中的角色合法化，他不同于主流经济学家，后者认为公共产品是"一个问题"，因其不易受到市场解决方案的影响。自由主义者更喜欢商品是由市场而不是政府来提供，他们赞成君主雇用雇佣军，船主支付灯塔服务费，甚至在污染严重的城市，富人可以自由购买清洁空气。

自由主义者认为政府产出占 GDP 的比率太高，公共供给效率低下，不如市场供给。自由主义者在任何可能的情况下使用他们的话语来为私有化和市场化辩护。

然而，与保罗·萨缪尔森同时代的经济学家理查德·马斯格雷夫（Richard Musgrave）却持不同的立场。他更重视政府提供的商品和服务。根据琼·塞克拉的说法，"马斯格雷夫没有把公共部门看作是'必要的恶魔，它的最佳规模是由公共经济的特定机制决定的，这需要集体选择和基于制度的强制执行'"。

公民通过政治投票和纳税来创造公共产品。政府生产它认为对个人和国家重要的公共产品——教育、食品安全检查等。此外，政府还生产其他产品，如清洁的空气和国家高速公路系统，因为私人市场不能且不会这样做。在提供某些商品方面，政府可以比竞争性行业更有效率。许多公共产品是文明生活的先决条件，它们在过度私有化的世界中提供了一种救济。

结　论

在谈论公共产品时，我们说它们在造福公众方面发挥着必要的作用。公共产品是一个最能体现为公众服务的伦理概念。当然，也可能会有一些分歧。许多保守派认为食品券是一种"坏"的公共产品，但他们可能认为政府对企业的补贴是一种"好"的公共产品。公民最终必须通过投票来处理这些观点分歧。公民必须选举出公民代表，反映他们对公共产品"好"和"坏"的看法。

政府的作用是确定公共产品和服务的最低标准，确保社会从中受益，而不是因为私营部门经营者设定的高价格或提供的不合格的产品而导致民众生活水平下降。

第 4 章　识别当今的主要社会问题

当合适的人协同合作时,问题会变成机会。

——罗伯特·雷德福(Robert Redford)

美国人民及其代表每年需要做出大量决定,然而许多最重要的问题年复一年悬而未决。美国国会更愿意"放手一搏",而不是合作寻找可行的政策解决方案。

美国人民逐渐意识到美国不再是一个高成就社会的光辉榜样。与经济合作与发展组织(OECD)的 36 个发达国家的民众相比,美国人在许多重要指标上得分不高。

- 美国人均医疗保健支出是经合组织平均水平的两倍,但人均医生和病床数量低于其平均水平。
- 美国的婴儿死亡率是世界上最高的。
- 美国是发达国家中肥胖率最高的国家。
- 美国的不平等程度远高于大多数欧洲国家。
- 美国是世界上监禁率最高的国家。
- 美国的青年贫困率为 25％,而经合组织国家的贫困率不到 14％。
- 在 36 个经合组织国家中,美国在贫困和不平等方面排名第 35 位。
- 美国在上次总统选举中的投票率为 55％,排名第 28 位,而经合组织的平均投票率为 75％。
- 美国学生在科学和阅读方面排名第 24 位,在数学方面排名第 38 位。
- 美国人的幸福指数排名第 19 位。[32]

美国著名电影人、社会评论家和自由主义活动家迈克尔·摩尔拍摄了一系列电影——《资本主义：一个爱情故事》(*Capitalism，A Love Story*)和《精神病人》(*Sicko*)，描述了一批在比美国更高的公共层面开展批判性活动的国家。

- 法国的低年级孩子在餐桌旁吃学校为其提供的午餐，食物有蔬菜、水果和健康的主菜，饮料是水而不是可口可乐。孩子们在成长过程中会形成健康饮食习惯，可在晚年减少很多疾病和肥胖。

- 芬兰的学生是世界上受教育程度最高的学生之一。学校管理人员说这是因为学生没有任何家庭作业！芬兰的教育工作者认为，在学校开展了一整天的学习活动后，孩子们应该快乐玩耍、发展友谊、自由选择活动、享受童年。

- 奥地利知识渊博的教师以开放的方式教授性知识，他们强调男女青年应如何相互尊重。在奥地利，很少有女孩意外怀孕，在堕胎和生孩子之间做选择的情况则更加少见。

- 斯洛文尼亚的大学不仅对本国学生免费，也对外国学生免费。大学生在毕业时少有负债，并有更好的机会选择理想职业，而不是以工作报酬为导向。

- 德国公立学校向年轻学生强调大屠杀的悲惨历史和纳粹领导人的罪恶行径。美国的学校，尤其是南方的学校，没有让美国学生深入了解早期美国人对奴隶和美国印第安人的压迫。

- 在挪威，每个囚犯都有一间像样的牢房，受到看守的尊重。模范囚犯会得到家一般的生活空间，经常被委托去做跑腿工作，目的是改过自新，而不是惩罚。

- 意大利的工人有四到七周的带薪假期。怀孕后的母亲可以享受五个月 80％的带薪假期，他们认为假期是用来充电的。美国劳工部没有规定带薪年假的最低法定标准。在美国,25%的工人没有一天带薪休假。美国私营部门的普通工人有16天带薪假期。美国是少数几个不为孕妇提供财政支持的国家之一(除了个别州)。

- 上述欧洲国家例子的共同之处在于实行更人道的待遇。美国颂扬个人主义和自由的理念,而欧洲颂扬人道主义和群体的理念。

狭义和广义社会问题的区别

活动家和改革者力求在一些社会问题领域做出力所能及的改变。选择的问题可以是一个非常具体的问题,比如减少含糖软饮料的使用,也可以是一个大问题,比如建立消费者对健康食物的偏好。

大多数社会营销人员忙于研究特定领域的改革方案。在《社会营销:如何改变目标人群行为》(*Social Marketing:changing behaviors for good*)一书中,南希·李(Nancy R.Lee)和我发现社会营销面临如下挑战[33]:

- 减少青少年吸烟;
- 减少青少年药物滥用;
- 减少含糖软饮料引起的肥胖;
- 减少青少年自杀;
- 减少食物浪费;
- 减少无家可归现象;
- 减少未成年饮酒和暴饮暴食;
- 减少毒品依赖;

- 减少可预防的事故；
- 增加健康食品的选择；
- 提高高中毕业率；
- 增加洗手习惯；
- 增加枪支管制；
- 减少用水量；
- 增加健康食品的选择。

在所有这些社会营销问题中，社会营销人员必须制定具体的营销计划、行动和绩效衡量标准。考虑到青少年吸烟的问题，社会营销人员是应该为所有青少年制定一个总体营销计划，还是为男孩和女孩制定单独的营销计划？如果目标是吸烟的少女，是应该对所有少女发出相同的信息，还是对 10—12 岁和 13—16 岁的少女发出不同的信息？信息应该是吸烟女孩对男孩失去了吸引力，还是吸烟女孩患心脏病、肺病或癌症的风险更高？显然，社会营销者面临着许多决策难点，任何具体的营销计划都必须在一小群人中进行有效性测试，然后才能在更大的目标人群中实施。

主要社会问题

接下来，我们转向美国社会一直存在的 15 个主要社会问题。国会议员对这些问题各执一词，僵持不下，难以解决，以至于国会经常搁置这些问题，虽然他们各自都有合理的解决方案。这 15 个问题是堕胎、竞选资金、气候和污染、消费者保护、禁毒战争、枪支管制、医疗保健、移民、监禁和监狱、基础设施、军事和国防、贫困、社会保障和退休、学生贷款以及国债和税收。

堕胎政策

罗诉韦德案（*Roe v. Wade*）载于《美国最高法院判例汇编》第 410 卷，第 113 页（1973），是美国最高法院在堕胎问题上作出的具有里程碑意义的判决。根据第十四修正案正当程序条款下的隐私权延伸至妇女堕胎的决定，法院最终以 7 比 2 裁定，堕胎权必须建立在国家保护妇女健康和保护人类生命潜力的合法利益基础上，这些诉求在妇女怀孕期间变得更加强烈。法院通过将堕胎的州级法规与妊娠晚期联系起来，达成以上共识。一旦胎儿具有离开子宫的"生存能力"，堕胎行为就不被允许了。"生存能力"通常在第 7 个月（28 周）左右形成，但也可能更早出现，甚至在第 24 周。

蔑视最高法院这一决定的人试图通过法律和其他手段削弱它。他们支持胎儿拥有生命权，而不是支持孕妇拥有选择权。支持生命的组织认为，一个人从受孕开始，堕胎就等于谋杀，并声称胎儿和母亲一样有民事权利。该组织的极端成员补充说，即使在被强奸的情况下，或者在怀孕早期通过医学预检显示未出生的孩子可能有缺陷的情况下，也不应该允许堕胎。极端的反堕胎组织如"救援行动"（Operation Rescue），这个恐怖组织在 20 世纪 90 年代早期杀害了进行堕胎手术的医生并炸毁了诊所。

反堕胎人士已经采取法律措施，让州级立法机构给女性堕胎选择权设置更多的障碍。得克萨斯州已经规定，堕胎诊所需要具有符合现代医院标准的医疗设备和程序。一些计划生育中心不得不关门，因为他们买不起那样的设备。其他州希望女性在做出决定前先看看子宫内未出生的胎儿，一些州则要求年轻女性堕胎前必须得到父母的同意或经历一段等待期。

支持堕胎的人认为，女性面临一个非常困难的决定，她们虽然不乐意,但她们权衡利弊后觉得堕胎是最好的解决办法。例如,一个怀孕少女将不得不放弃上大学,照顾一个没有父亲的婴儿或失去良好的工作前景。每个女性都应该有自由去做她认为对自己最有利的事情。支持孕妇堕胎的人不相信胎儿在受孕时存在人权,也不相信特定宗教的信仰与其相关。

在这个问题上达成妥协的可能性很低,法律仍然站在妇女自由选择的一边。舆论也站在支持选择的一边:57%的人支持堕胎,40%的人反对堕胎。然而,反堕胎者继续不择手段阻止或推迟堕胎。支持堕胎的人并不是极端分子,他们只是主张女性的选择权,与反堕胎者的极端政策相去甚远。

"反堕胎"真的不是一个正确的术语。正如琼·奇蒂斯特修女(Sister Joan Chittister)所说:"我不相信仅仅因为你反对堕胎,你就是反堕胎主义者。事实上,如果你只是生而不养,那你就是缺乏道德的。这不是支持生命,这是支持生育。"

竞选资金政策

曾经,政治竞选活动很简单。让许多公民在支持你作为候选人的请愿书上签名,让你的政党支持你成为候选人之一,和不同的群体谈论你的信仰和经历,微笑,握手,亲吻婴儿,你就有可能会赢得提名。

如今,首要任务就是找一些相信你的有钱人,因为你将需要很多资金来获得一个良好的开端,如果能得到一个亿万富翁的支持就最好了。然而,也不要忽视普通人的"五美元"。

以下是上次选举中竞选团队和候选人的捐赠规则。

- 每个选举周期,一个捐赠者可以给每个候选人捐赠 2 700 美元。
- 每个选举周期,一个捐赠者可以最多给一个政治行动委员会(PAC)捐赠 5 000 美元。

- 一个捐赠者每年最多可以给一个政党捐赠 33 400 美元。
- 捐赠者（个人或公司）可以在选举周期内给超级政治行动委员会（super PAC）无限捐款，但是捐赠者的名字不会被公开。
- 捐赠者（个人或公司）可以向社会福利组织〔美国税法 a501c(4) 或 501(6)〕提供无限金额，他们的名字可以保密。

最高法院以 5 比 4 的投票结果支持"联合公民"，这意味着每一家公司和组织都可以免费向政治行动委员会和超级政治行动委员会提供资金。政治行动委员会的存在是为了支持特定的候选人，并且必须公开列出捐赠名单。最高法院 2010 年的"联合公民"裁决促使了超级政治行动委员会的设立。从技术上讲，超级政治行动委员会必须"专门为促进社会福利而运作"，其政治活动是被允许的，但绝不能成为组织的"首要"使命。然而，现任美国国家税务局局长表示，这些团体可以将高达 49％的收入用于政治活动，同时仍保留免税待遇。

显然，富有的捐赠者和公司有很多方法给他们选择的候选人和政党提供大量资金，已经有许多限制政治竞选开支的建议。

1. 要求所有候选人申请公共基金来资助他们的竞选，每个人申请的数额是相等的。他们将同意不接受来自个人捐赠者、公司、工会或非营利组织的额外资金，同时要求将竞选期限制在 30 天以内。

2. 保持目前的安排，但要求超级政治行动委员会列出捐赠名单，并严格限制其支持政治活动的资金比例。

3. 终止"联合公民"的决定，该决定称：公司是可以自由提拔候选人的"人"。应严格限制组织和富人支持政治候选人的资金数额。

气候和污染政策

根据世界卫生组织的数据，2010 年，22.3 万人死于空气污染导致的肺癌。东亚、欧洲〔索菲亚（保加利亚）和克拉科夫（波兰）〕以及美国（加利福尼亚州贝克尔斯菲市夫勒斯诺市）的许多城市污染严重。受益于企业更严格的绿色投资政策，美国和西欧城市的污染程度相对低于亚洲城市。

水污染也是一个日益严重的问题。海洋一直是有害化学物质和塑料的倾倒场，危害着海洋生物。目前，用于制造化妆品的塑料微球正充斥在水域中，导致鱼类日益减少。

1970 年，美国在尼克松总统的领导下成立了环境保护署，以保护人类健康和环境。环境保护署制定了公平分担污染成本和责任的政策。其中一项政策对可允许的碳污染量设定限制，并要求企业采用限额交易。正在考虑的一项新政策是对公司征收碳税。目前，一些政客指责环境保护署的领导层对工业的监管过严。

最终的问题是，鉴于污染会减缓经济增长速度，我们应该如何确定控制污染的力度。专栏作家乔治·威尔斯（George Wills）否认气候变化是有科学依据的，并抱怨污染监管措施损害了就业和经济增长。

国会能否更清楚地估计出，不同程度的污染监管措施会导致多少就业岗位流失？

消费者保护政策

资本主义经济一直是提高全球生活水平的驱动力。公司可以自由设计并销售产品和服务给任何有需要的人。公司设立销售目标，培训员工并通过销售提成奖励机制激励营销人员。销售人员通过提供便捷的融资方式（如分期付款）来说服一个家庭购买他们负担不起的房子或汽车，即使它们可能带有很高的隐性融资费用。

我们可以列举一些消费者权益需要保护的原因。

1. 信用卡公司、银行和零售商可能会让消费者轻易买到他们负担不起的东西。

2. 一些卖家可能制造或销售会伤害消费者的产品，如烟草公司生产危害吸烟者健康的产品，食品公司在产品中添加大量导致肥胖的糖、盐和脂肪，餐馆可能出售不新鲜或危害健康的食物，制造商可能会生产带有可能伤害用户或其他人的实物产品，如有设计缺陷的梯子或汽车。

3. 卖家和营销人员是讲故事的人，一些产品虽然安全，但营销人员会夸大它们的性能。如一家制药公司声称，安慰剂也能缓解病痛。

出于类似上述原因，各国制定并通过法律来保护消费者权益。消费者保护部门应该对产品进行测试，确保其安全性，并确保卖家的声明是可信的。

禁毒战争政策

1971 年 6 月，尼克松总统宣布"向毒品宣战"，扩大了联邦毒品管制机构的规模，并推动了包括强制判决在内的一系列措施。毒品包括大麻、鸦片、可卡因、海洛因和致幻剂。

关于大麻，1972 年，一个委员会建议将持有和分销大麻合法化，但尼克松拒绝了。然而在 1973 年至 1977 年间，11 个州将持有大麻合法化，尤其是出于医疗目的的持有。1977 年 10 月，参议院司法委员会宣布个人持有和使用一盎司以内的大麻为合法行为。

20 世纪 80 年代，家长开始抱怨青少年吸食大麻的比率很高。里根总统以"对毒品说不"为口号发起了一场声势浩大的反毒品运动，并推动零容忍政策。这导致监禁率猛增，监狱人数从 1980 年的 473 368 人增加到 2001 年的 2 042 479 人。

1992 年，克林顿在总统竞选中主张治疗而不是监禁，但在赢得总统职位后,克林顿政府升级了禁毒战争。直到总统任期即将结束,他才呼吁重新审查监禁政策,并希望大麻合法化。

布什总统增加了财政支出,升级了禁毒战争,包括每年对美国人发动 4 万次准军事组织式的特警突袭。

然而,禁毒法的改革仍在努力推进。许多著名人物——迈克尔·布隆伯格、巴拉克·奥巴马——公开承认他们年轻时吸食过大麻。社会的风气正在发生变化,尤其是考虑到 2013 年有 222.03 万成年囚犯。科罗拉多州和俄勒冈州等地目前正在致力于大麻的使用自由化。

我们的硬性禁毒政策主要有以下六种:

1. 在禁毒战争上持续投入,监禁毒贩,对吸毒人员保持零容忍。

2. 继续在禁毒战争上投入,但减轻个人吸食大麻的刑罚,授予法官实行低于正常量刑水平的自由裁量权,并投入比监禁更多的钱用于治疗。

3. 通过教育和其他医疗手段,让更多囚犯有被提前释放的机会;封存或删除青少年违法记录,这样人们就不会为年轻时犯下的罪行而背负终身;让年长的囚犯更容易寻求被提前释放的机会。

4. 让个人吸毒成为个人私事,只监禁毒贩。

5. 让个人吸毒成为个人私事,开设国有经营的商店,出售大麻和其他药物,以确保其安全并赚取收入。

6. 让个人吸毒成为个人私事,让私营企业管理大麻的销售。

禁毒政策改革进展必然缓慢,但其背后有新的动力正在推动。我们期待着这样一个未来:以科学研究为指导的强硬的禁毒政策,并利用有效的宣传来说服年轻人和其他人"对毒品说不"。

枪支管制政策

美国是世界上持枪人数最多的国家。在许多州,人们购买枪支无需进行太多的精神稳定性或犯罪背景调查，他们想买多少就买多少，甚至可以携带枪支进入购物中心、学校和教堂。

美国人对枪支的热爱历史悠久。电影在无法无天的西部以及约翰·迪林杰和阿尔·卡彭等著名黑帮手中戏剧化地刻画了枪支的角色。

拥有枪支的权利是对美国宪法第二修正案的一种解释，该修正案规定："管理良好的民兵是自由州安全所必需的，人民持有和携带武器的权利不得侵犯。"严格来说，这是民兵的权利，但不是个人的权利，最高法院未能领会宪法的意图。

枪支在帮派和黑帮战争、情感争端和孩童嬉戏中致死无数，甚至偶尔会有一个疯子在被抓获或被杀死之前射杀几个人。每一个事件都会促使公众向国会施压，要求立法限制枪支持有。大约68％的美国选民赞成更严格的枪支管制，88％的人希望对枪支销售进行"背景调查"。然而国会没有采取行动，为什么呢？

强大的美国步枪协会和美国狩猎协会不断游说国会议员不要通过任何限制拥有枪支权利的立法。全国步枪协会明确表示，任何支持限制枪支或枪支使用的国会议员都不会从全国步枪协会获得任何财政支持，甚至会影响他的连任。国会认为全国步枪协会是华盛顿最强大的游说团体。

那些不赞成枪支管制的人采取了极端的立场，但支持枪支管制的人并不是极端分子，极端分子是那些赞成取缔所有枪支的人。支持枪支管制的人只是想要一个"常识性枪支政策"，对特定阶层的人进行登记，并拒绝其持有枪支。

我们能为枪支所有权做些什么？以下是备选方案：

1. 保持现状。

2. 对谁可以购买或拥有枪支以及如何使用枪支作出严格的规定。

3. 通过一项法律,要求每个人提供拥有枪支的信息。

4. 将拥有的枪支数量限制在两把,禁止可以装载六发以上子弹的枪支。

5. 禁止枪支所有者在公共区域携带枪支,将枪支的用途限制在家庭和狩猎场。

医疗保健政策

美国已经建立四个健康保险项目——医疗保险、医疗补助、儿童健康保险计划(Children's Health Insurance Program,CHIP)和平价医疗法案。这些保险项目占 2014 年联邦预算的 24%,即 8 360 亿美元。大约有 5 110 亿美元用于医疗保险,为大约 5 400 万 65 岁以上或残障人士提供医疗保险。医疗补助计划和儿童健康保险计划弥补了剩余部分,为大约 7 000 万低收入儿童、父母、老人和残障人士提供医疗保健或长期护理。医疗补助和儿童健康保险计划要求各州支付相应的费用。

2010 年 3 月 23 日,奥巴马总统签署《平价医疗法》(Affordable Care Act,ACA),该法引入了许多新的福利、权利和保护措施,旨在确保更多美国公民能够负担得起优质的医疗保健。无论健康状况如何,所有人都有权购买健康保险。《平价医疗法》以及其他医疗改革的目的之一是降低医疗保健支出的增长率。

在《平价医疗法》之前,估计有 4 500 万美国人没有保险,要么是保险公司拒绝承保,要么是许多美国人没有钱按规定的费用购买保险。许多公民认为这是国家的耻辱,部分议员提出了法案来纠正这种情况,但都没有成功。最后,马萨诸塞州州长米特·罗姆尼(Mitt Romney)提出了一项医疗改革法案,成为《平价医疗法》的典范。

《平价医疗法》要求人们支付医疗保险并选择他们需要的方案,

这是为了筹集新法案所需的资金。年轻人必须购买健康保险，他们可能会反对这一点，因为他们很健康，而且更愿意在老年时期购买健康保险，该计划为穷人提供医疗保险补贴。

自该计划颁布以来，国会中的大多数共和党议员都试图废除《平价医疗法》。废除计划已于 2012 年 6 月 28 日提交给最高法院，并获得了法院的支持。人们的共识是，《平价医疗法》改善了美国的医疗保险覆盖范围，并降低了医疗保健费用的增长率。

1965 年通过在《社会保障法》（Social Security Act）中增加第十九条（Title XIX）而创建的医疗补助计划也是有争议的，因为各州必须承担部分费用。根据该法案，联邦政府向各州提供相应的资金，使它们能够向资源有限的低收入个人和家庭提供医疗援助。所有收入达到贫困线 133％的美国公民和合法居民，包括没有子女的成年人，都有资格在任何参加医疗补助计划的州获得保险。每个州目前都能自主决定哪些人有资格实施该计划，但必须符合一定的标准，不能强迫各州为了扩大上述计划而执行计划。然而，这些不情愿的州将继续获得先前确定的医疗补助资金。许多批评家担心财政状况无法满足新医疗补助计划的支出，一些州希望限制或取消医疗补助，让贫困消费者在需要治疗时使用医院的急诊室。

在特朗普政府时期，情况发生了很大变化。特朗普最终让国会取消了每个人购买医疗保险的强制要求。一旦年轻人不再购买健康保险，医疗保健的融资成本就会大幅增加。然而，特朗普政府并没有拿出一个令人满意的医疗保健计划。

有以下策略可供选择。

1. 废除《平价医疗法》，回到以前的自愿医疗保健系统。领先的共和党候选人一致呼吁废除医疗改革法——唐纳德·特朗普称之为"灾难"，杰布·布什称之为"怪物"。然而，他们没有提出更好的医疗保健计划来取代《平价医疗法》。

2. 保留《平价医疗法》，鼓励其进一步发展。它为更多的家庭和个人提供了保险，并降低了医疗费用。

3. 对《平价医疗法》进行修改，以保护人们免受共同支付和免赔额的影响，因为共同支付和免赔额的增长速度超过了他们工资的增长速度。希拉里·克林顿提议建立一项高达 5 000 美元的税收抵免，以帮助家庭支付高昂的自付医疗费用。她还提议，在人们开始支付免赔额之前，保险公司必须承担每年三次的医疗费用。

4. 用单一付款人医疗保健系统取代《平价医疗法》，可以实现医疗保险全覆盖，这将通过消除私人保险公司的需求来降低成本。全民医疗保险（Medicare for All）系统与退伍军人健康管理局（Veterans Health Administration）处理退伍军人健康的方式非常相似，参议员伯尼·桑德斯（Bernie Sanders）赞成这一点。

5. 降低美国处方药生产商在没有合理理由的情况下制定的过高的处方药价格。授权联邦医疗保险与制药公司进行谈判，以压低价格，并允许美国从其他国家进口更便宜的药品，将病人的自付药费限制在每月 250 美元。然而，共和党候选人认为，制药公司之间的私下谈判和竞争足以抑制药品成本。

6. 转向新兴经济体使用的医疗保健系统，这些经济体将健康分为初级、二级和三级。初级保健被认为是一种公共产品，与初级保健相关的服务和产品由政府补贴。二级和三级保健产品和服务大多由私人护理，由市场决定。基本药物（优先医疗保健）的最高零售价格由政府决定，非处方药在使用方面受到控制，而且税率较高。

移民政策

移民政策在美国是一个争议不断的话题，因为很多人想申请美国公民身份。过去有一波来自欧洲国家的移民潮，如爱尔兰、意大利、德国、俄罗斯和乌克兰，他们试图摆脱在自己国家经历的苦难。接着亚洲人（越南、印度等）也来了。许多受过教育的技术人员也想来美国，不是为了公民身份，而是作为美国公司的临时技术工人。

今天，主要的移民问题是墨西哥和中美洲的非法移民流入。特朗普总统想建立隔离墙来阻止非法移民，但只有 37％ 的人支持。

问题是如何处理 1 100 万非法移民，有以下四种备选方案。

1. 找到非法移民，把他们全部送回原籍国（这是唐纳德·特朗普的立场）。

2. 除了在美国出生的人，把其他人送回去（美国宪法规定，任何在美国出生的人都有权留在美国并成为公民）。

3. 为长期在美国工作并身体健康的非法移民提供特赦制度，提供成为美国公民的路径。

4. 除了通过建造最坚固的保护墙和安全系统来确保更多的外国人不能非法进入美国之外，什么也不要做。

共和党人非常支持第 1、第 2 和第 4 条，民主党人支持第 3 条。

澳大利亚、加拿大和其他一些 OECD 国家根据本国要求使用积分制。即使是非法移民也有机会获得所需的培训或教育，以实现国家目标和议程。

监禁和监狱政策

美国的囚犯比其他任何国家都多。2013 年，2 220 300 名成年人（几乎占美国人口的 1％）被监禁在美国联邦和州县监狱。此外，2013 年有 475.14 万成年人被判缓刑或假释。这意味着 6 899 000 名成年人受到监管——约占美国常住人口的 1/35。其中，2013 年有 54 148 名青少年被关押在青少年拘留中心。

因犯人数的增加很大程度上是由于罗纳德·里根总统的政策，他推动了新的法案，鼓励法官给出了更长的刑期，以突出共和党在毒品和犯罪问题上的强硬态度。大多数监狱致力于惩罚而不是改造，禁毒战争中的囚犯包括穷凶极恶的毒贩和吸毒人员。由于需要更多的监狱，政府邀请私营公司为监狱提供资金，并将监狱设在当地，成为经济发展的一部分。

令人尴尬的是，因为因犯人数过多，导致最近减刑现象频繁，迫使监狱将重点从惩罚转向改造。监狱正在教授有用的课程，增加囚犯出狱后的就业技能，以便帮助囚犯在释放后找到住所和工作，而不是回到他们以前的生活方式。有传言称，要监控刑满释放人员的活动，以确保他们不会重新陷入犯罪行为。

基础设施政策

影响一个国家经济表现的主要因素是基础设施，如道路、桥梁、港口、铁路、机场、学校。美国有幸拥有庞大的基础设施系统，稳步降低了交付货物成本，想想其他基础设施不足或糟糕的国家的发展是如何受限的。

然而，美国基础设施的质量不再令人满意。由于缺乏定期维护和更新，土木工程师已经将许多基础设施部件评为 C 级至 D 级，一些桥梁已经倒塌，许多道路布满了坑洼。

事实是，维护高质量的基础设施非常昂贵，联邦政府和许多州市的资金已经枯竭。在 2008—2011 年大衰退期间，我们有一个很好的机会让失业人员从事基础设施工作，我们做了一些，但仍不够充分。

我们需要建立一个基础设施部门，如有必要的话，需要从国防转移一些资金来评估并修复基础设施。如果缺乏足够数量的工人，可以从其他国家雇佣临时劳动力。

军事和国防政策

美国建立了世界上最强大的军事力量，在世界各地有美国的军队驻扎，与北大西洋公约组织（North Atlantic Treaty Organization，NATO，中文简称北约）、日本、以色列、沙特阿拉伯和其他国家建立了盟友关系。同时，美国拥有世界上最强的核武器储备，是军事装备和武器的主要制造商。

建设如此强大的军事力量需要付出巨大的代价，但让许多盟友无需维持庞大的武装规模。当美国投资军事力量时，盟友将国防开支用于经济建设，专注发展可以与美国竞争的经济，这就引申出一个问题：美国是否太慷慨了？

问题是美国联邦预算中有多少需要用于军事和国防？答案是18％（约6 150亿美元），这笔钱的大部分流向了国防部。但在不久前，国会想给军方更多的拨款，这就引出另一个问题，军队是否需要增加资金，海军需要更多的舰艇吗？美国是继续将大量资金用于军事制造、装备更新和武器发展还是将更多资金转移到教育、基础设施、医疗保健和其他需求上？

有如下政策可供选择：

1. 大幅增加军事和国防开支，让敌人知道美国并未变弱并已随时做好开战的准备。

2. 将军事预算保持在联邦预算的18％左右，并将资金用于最优先的装备和国防需求。

3. 削减军事预算，将更多资金用于改善美国的教育、基础设施、卫生系统和社会需求项目。

4. 减少军事预算，用这笔钱来减少美国的联邦债务，便于以更低成本进行债务融资。

贫困政策与日益加剧的收入不平等

大约 13％（4 300 万）的美国人生活在贫困中，这是政府根据不同规模家庭的生活标准来定义的，将近 1 300 万的美国孩子吃了上顿没下顿。美国通过大量的社会福利项目来帮助穷人，包括食品券、收入抵免和社会援助项目。国家发展尽可能多的创收机会，但是一些人要么还是找不到工作，要么放弃寻找工作。

我们习惯于认为贫困是一个恶性循环的文化问题。贫困人口子女过多，需要社会救助，然后逐渐依赖救助，失去脱贫动力。我们经常谈到向贫困开战，但美国确实没有一个强有力的计划来降低贫困水平。贫困是对生命的消耗，会导致抑郁、无家可归和犯罪，并影响国家政治和社会秩序。

这需要三方面的努力。首先是创造更多的就业机会。如果私营部门不能创造足够的就业机会，就有赖于公共部门通过改善基础设施以弥补就业缺口。

其次是提高最低工资。多年来，最低工资一直是每小时 7.45 美元，如果一个人在 52 周内每天工作 8 小时，这相当于每年收入 15 000 美元，但这依旧远远低于贫困标准。幸运的是，许多美国城市正在采取行动，将最低工资提高到 10 美元或 15 美元，虽然这是朝着正确方向迈出的一步，但即便是 15 美元也只能勉强让工人脱离贫困阶层。

第三个政策是缩小日益扩大的贫富收入差距。自 20 世纪 80 年代以来，工人的实际收入没有提高，但富人的收入急剧增长。《财富》500 强公司的高层管理人员的薪酬是公司员工平均收入的 300 多倍，美国迫切需要对富人增税，而不是减税。然而，国会继续支持降低富人的所得税税率。随着富人积累更多的财富，他们获得了更多的政治权力。美国需要认真思考以解决日益增长的收入和财富差距所造成的可怕后果。

社会保障和退休政策

1935 年，在罗斯福总统的努力下，美国通过了《社会保障法》，旨在帮助大萧条时期及其后的人们，并保证每月向 65 岁及以上的退休人员支付退休金。与此同时，对收入达到 118 500 美元的从业者收取社会保障税，国会已多次修改了社会保障制度。

2014 年，社会保障占联邦政府预算的 24%，即 8 510 亿美元。2014 年 12 月，社会保障每月平均向 3 900 万退休工人提供 13.29 美元的退休福利。2014 年 12 月，社会保障还向 230 万退休工人的配偶和子女、610 万已故工人的未亡子女和配偶以及 1 090 万残疾工人及其合法受抚养人提供了福利。

共和党人主要认为，由于退休人员与工人人数的比率越来越高，社会保障基金将在 20 年到 40 年内耗尽。许多共和党人希望取消社会保障，让个体劳动者决定他们将退休储蓄放在哪里。争论的焦点是，相较于把钱交给政府，工人的储蓄可以获得更高的回报。乔治·W.布什总统领导了一项取代社会保障的运动，但他没有成功。

大多数民主党人继续执行社会保障制度，甚至扩大其福利，并建议通过以下两项措施增加社会保障的收入：

- 要求所有从业人员为他们的全部收入缴纳社会保障税，而不仅仅是 118 000 美元以下的收入，这将从更富有的从业者那里获得更多资金。
- 在支付社会保障福利时进行经济状况调查，减少或不支付给那些有较高退休储蓄的人，即使他们交了很多税。

这就引出了以下的策略选择：

1. 让社会保障保持现状。

2. 对每个人的收入征收无限制的税，为社会保障筹集更多的资金。

3. 进行经济状况调查，将社会保障限制在低退休基金人群中。

4. 取代社会保障，员工选择私人计划，将其收入的固定部分储蓄起来，供退休后使用。

5. 将社会保障的支付年龄从 65 岁提高到 67 岁或 70 岁，以降低社会保障支付资金的比率。

学生贷款政策

尽管国家希望尽可能多的学生上大学，但大学费用上涨成为主要的阻碍因素。德国学生可以免费上大学；然而，一个美国学生每年将支付 2 万到 6 万美元不等的费用。

为了更高的大学入学率，提供助学贷款的机构包括银行或大学，或两者皆有。如今，未偿还的大学生贷款达到 1.2 万亿美元，普通大学生背负着 3 万美元的学生贷款。毕业后，大多数学生不得不开始偿还债务，这减少了他们购买汽车、房屋、家具或其他大件物品的机会，他们会推迟结婚，这降低了美国的经济增长率。

高额学生贷款债务可以通过多种方式处理：

1. 通过转移国防或其他资金，让政府支付学生的大学教育费用。

2. 让政府和大学根据需要而不是成绩来增加奖学金的数量。

3. 将每年偿还的学生债务限制在个人年收入的 10％。

4. 限制大学贷款的利率。

5. 鼓励更多的学生就业，而不是上大学。

国债和税收政策

2007 年，美国国债（不包括州和地方债务）为 8.971 万亿美元，GDP 为 14.570 万亿美元，美国国债相当于国内生产总值的 61%。国债与 GDP 比例尚处于安全的范围。到 2014 年，美国国债增长到 17.794 万亿美元，而 GDP 增长到 17.522 万亿美元，占 GDP 的 102%。

许多人非常担心美国政府不得不向国内外借钱（尤其是过去向中国借钱）。2013 年，债务的净利息支付总额为 2 227.5 亿美元，占联邦总支出的 6.23%，政府为债务支付的平均利率为 2.43%。幸运的是，这个利率比较低，但如果出现严重通胀，利率将会上升，并大大增加美国债务的税收负担。

减少国债只有两种方法。一是削减联邦支出，目标通常是社会福利计划和社会保障，尽管国防预算应该有所削减。二是提高税收，尤其是对富人。保守派反对这一观点，认为富人会减少投资和工作岗位，并进一步缩减 GDP。这解释了党内僵局的一个因素，即双方都不想让步。不幸的是，美国每年都会增加一笔赤字，使国债进一步增加。

税收问题总是萦绕在政府和公民的脑海中，事实上，美国政府的诞生是因为一场税收纠纷。英国通过东印度公司对茶叶征收高额关税，三艘运茶船抵达波士顿港。1773 年 12 月 16 日，多达 7 000 名当地市民来到码头，要求茶船不缴纳任何税款就离开港口。海关官员拒绝了。当天傍晚，大约 200 人集聚港口，其中一些装扮成美国印第安人，来到三艘船上，将茶叶货物倒入港口水域。这是美国殖民地允许英国议会在没有美国人在英国议会中拥有一个代表情况下征税的最后一根稻草，口号变成了"无代表，不纳税"，种种不满引发了美国独立战争。

联邦、州和地方政府分别提高税收，州政府和地方政府需要税收来支付警察和消防员、学校、道路建设和许多地方服务的费用。它们主要依靠住宅和商业地产的房产税，以及消费者购买的销售税。大多数州为居民设定了所得税。

联邦政府不得不收取大量税费，以支持其 3.5 万亿美元（2014年）的巨额年度预算。大部分预算用于国防和国际安全援助，占 18％；社会保障占 24％；医疗保险／医疗补助／儿童健康保险计划／和市场补贴占 24％；安全网计划占 11％；债务利息占 7％；联邦退休人员和退伍军人的福利占 8％；交通基础设施占 3％；教育占 2％；科学和医学研究占 2％；非安全国际占 1％；其他占 2％。

主要问题是如何制定对不同收入群体公平的所得税政策。穷人、工人阶级、中产阶级、富人和超级富人应该以什么税率缴税？穷人一般不纳税，工人阶级税率低，富人和超级富人的最高边际税率是 35％。在艾森豪威尔总统时期，最高边际税率为 90％，在约翰·肯尼迪总统时期，边际税率降至 70％。问题是，富人和超级富人的边际税率是否应该提高，比如提高到 50％ 或 60％。

共和党人赞成降低税率，而不是提高税率，他们认为富人缴纳的边际税率太高。相反，民主党赞成对富人增税，对中产阶级和工人阶级减税。民主党人也赞成提高富人的遗产税，以缩小日益扩大的贫富差距，避免走向富豪统治的趋势。

以下是五种可能的所得税政策选择：

1. 保持现有税收制度。

2. 通过引入 20％ 的低税率统一税来降低税收，这得到了共和党人的高度支持，但这将需要削减社会项目。

3. 将富人的边际税率从 35％ 提高到 50％—60％ 之间，这是民主党人所青睐的。

4. 降低中产阶级所得税率，提高富人所得税率。

5. 对已婚夫妇免征 1 000 万美元的遗产税后，逐步地提高遗产税税率。

结　论

世界上许多人都非常钦佩美国的民主模式。美国独立战争的故事和那些推动美国民主的杰出人物——乔治·华盛顿、本杰明·富兰克林、托马斯·杰斐逊、约翰·亚当斯、亚历山大·汉密尔顿和其他许多人——都赢得了全世界的钦佩和尊重。人们在美国民主的历史中看到了活力、创造力、对个人和人权的尊重、解决问题和发现新问题的能力。

然而，现在有一些变化正在考验美国民主的韧性。美国创造了巨大的财富，但没有足够多的美国人分享这些财富。公民质疑是他们在管理国家，还是1％的人在管理国家。美国政治家需要大量金钱来开展竞选活动，以至于他们束手束脚。美国正因僵化、不公正的选区划分和过度游说而陷入瘫痪。政党中不断涌现的极端分子阻碍了合作。

以上描述了 15 个尚未解决的主要经济、政治和社会问题。解决办法有很多，竞争者之间的文明辩论将促使他们的和解，这些解决方案将使数百万公民受益，并使美国民主保持年轻和活力。

这些解决方案不仅有利于美国公民，而且能激励世界其他民主国家。民主包含自我纠正过程，只要公民参与其中，他们的声音和权利就会得到倾听和尊重。民主仍然是唯一有望在多元世界中实现自由、平等和包容的动态平衡的政治制度。

第5章　活动家、改革者和社会运动

> 正是因为有不断涌现的已知的、未知的、著名的和默默无闻的改革者，我们的国家才充满希望。
>
> ——乔恩·米查姆(Jon Meacham)，
>
> 《美国人的性格》(*The Soul of America*)

世界上大多数人在做自己的事时，都没有想过让世界变得更美好。他们把注意力集中在家庭、工作、朋友和个人问题上是可以理解的，其目的是使生活富足且充满幸福感。

有两种人不同于以上这种普通公民，一种极端是强调自给自足并由个人主义驱动的人，另一种极端是由利他主义和改革驱动的人，让我们分别探讨一下。

自给自足的个人主义群体

前美联储主席艾伦·格林斯潘(Alan Greenspan)提出了以下问题："我们希望拥有一个依赖政府的社会，还是一个自给自足的社会?"他对自己的答案很清楚。他研究了小说家兼哲学家艾恩·兰德(Ayn Rand)的观点，她是个人主义的极端倡导者。兰德写了两本社会哲学的名著，并称之为客观主义，它们是《源泉》(*The Fountainhead*，1943)和《阿特拉斯耸耸肩》(*Atlas Shrugged*，1957)。

《源泉》描绘了一位年轻、意志坚定、富有创造力的建筑师霍华德·洛克，他拒绝按照古老的历史风格设计建筑。洛克更喜欢默默无闻的生活，而不愿牺牲个人艺术理想。他与另一位建筑师彼得·

基廷形成了鲜明的对比，后者的设计复制了历史风格，加入一家享有盛誉的建筑公司，在那里他利用阿谀奉承迅速晋升为公司的合伙人。有一次，彼得·基廷委托洛克为他设计一个建筑，洛克同意了，前提是这座建筑要完全按照他的设计来建造。洛克长途出差回来后，他发现大楼的设计结构已被篡改，因此洛克炸毁了这座建筑，因为这不是他原先的设计，最后他面临罪行的审判。

《源泉》中的另一个角色是埃尔斯沃斯·图希，他经常批评洛克的独立性。图希利用集体主义精神来获得凌驾于他人之上的权力，他是邪恶的化身。艾恩·兰德反对图希的伦理利他主义，并为伦理利己主义（即理性自私）辩护，对艾恩·兰德而言，霍华德·洛克是她的英雄。洛克说："只有以最好的方式完成工作时，我才能找到快乐。这里的'最好'是标准问题——我设定了自己的标准，挣脱了传统的束缚，就像站在宇宙的起源，所承无物。"今天的自由主义哲学大多可以追溯到自由和富有创造力的个人思想，而社会主义者和集体主义者，则试图束缚和侵蚀它。

艾恩·兰德的第二本书《阿特拉斯耸耸肩》聚焦于一个社会的现象，在这个社会中，生产力最高的公民拒绝被不断增加的税收和政府监管剥削和排挤。商业领袖，如钢铁领袖亨利·里尔登和石油领袖埃利斯·怀亚特，选择关闭企业并销声匿迹。他们与这场叛乱的领导者约翰·高尔特一起证明摧毁利润动机将导致社会崩溃。只有代表理性、个人主义和资本主义的约翰·高尔特重返社会，经济才能恢复往日的活力和增长。

兰德将社会的毁灭归咎于"掠夺者和统治者"。掠夺者通过武力，如持枪抢劫属于生产者的财产。没有创造价值的统治者，代表穷人通过征税索取他人的收入，夺走他人的财产。

《阿特拉斯耸耸肩》一炮而红，连续 22 周登上《纽约时报》畅销书排行榜。尽管很受欢迎，但它也吸引了一些评论家，包括戈尔·维达尔（Gore Vidal），他形容这本书的哲学为"近乎完美的不道德行为"，以及海伦·比尔·伍德沃德（Helen Beal Woodward）认为这部小说"充满仇恨"。

时至今日，已故的艾恩·兰德仍有大量的追随者，他们看到了一场激烈的斗争，一方重视个人，另一方希望个人将自己的利益融入更大的群体之中。

兰德的哲学在 1987 年的电影《华尔街》中得到了部分体现。戈登·盖柯（迈克尔·道格拉斯饰演）在恶意收购 Teldar 纸业时，发表了关于贪婪的著名演讲：

> 女士们、先生们，贪婪是如此美好，我甚至找不到更好的词来代替它。贪婪是正确的，是有效的，它可以阐明一切，披荆斩棘，直捣要害。贪婪无处不在，包括对生活、金钱、爱情和知识的贪婪，激发了人类向上的动力。贪婪不仅能拯救 Teldar 纸业，还能拯救另一家叫做美国的"故障公司"。

让我们用不那么极端的例子来理解个人主义的起源和原理。个人主义是一种重视独立和自给自足的学说，主张个人的利益应该优先于国家或社区。个人的概念产生于启蒙时代，它反对专制主义、王权、压迫性政府、世袭地位、国教和僵化的教条。哲学家约翰·洛克（John Locke）将自由主义描述为一种哲学："任何人都不应该伤害他人的生命、健康、自由或财产。"很久以后，美国《独立宣言》中有一句话（呼应了洛克的观点），"人人生而平等，造物主赋予他们某些不可剥夺的权利，其中包括生命权、自由权和对追求幸福的权利。为了保障这些权利，人类在他们之间建立了政府，而政府之正当权力，是经被统治者的同意而产生的。"

与此同时，在 1776 年，亚当·斯密出版了著名的作品《国富论》，他提出了自我利益在推动经济增长中的关键作用，并谨慎地呼吁"开明的利己主义"。亚当·斯密的《道德情操论》(*The Theory of Moral Sentiments*)指出，道德和体面是资本主义的先决条件。亚当·斯密可能会驳斥以呼唤"动物精神"（英国经济学家凯恩斯使这个短语流行起来）来引领"开明的利己主义"的潮流资本主义。

20世纪的三位经济学家——路德维希·冯·米塞斯(Ludwig von Mises)、弗里德里希·哈耶克(Friedrich Hayek)和米尔顿·弗里德曼——构建了个人主义的现代案例。冯·米塞斯领导了奥地利经济学派，他写了《自由主义》(*Liberalism*，1927)，并称赞艾恩·兰德："你应当鼓起勇气告诉人们那些政客讳莫如深的真相：你就是低人一等的，你身边那些理所当然的改善，事实上都归功于更优秀者的努力。"

哈耶克在一定程度上借鉴了冯·米塞斯著作中的内容，并撰写了《通往奴役之路》(*Road to Serfdom*，1944)，指出资本主义在避免社会主义时，应警惕滑向法西斯主义。他于1974年获得诺贝尔经济学奖。弗里德曼在谈到哈耶克时写道："没有人比他更有影响力。哈耶克是'铁幕'后对知识分子影响最大的人物，他的书被秘密翻译出版并在黑市销售，被人们广泛阅读。这无疑影响了舆论氛围，并最终推动了苏联解体。"

1976年获得诺贝尔奖的弗里德曼，通过《资本主义与自由》(*Capitalism and Freedom*，1962)和《自由选择》(*Free to Choose*，1979)等著作成为个人主义和自由市场的主要倡导者，整个自由主义运动在很大程度上归功于他的著作和思想。

拉娜·弗洛哈尔(Rana Foroohar)最近出版了一本名为《制造者和索取者》(*Makers and Takers*，2016)的书，书中区分了创造财富的人（创造者）和攫取财富的人（索取者）。弗洛哈尔的论点是，工业界的人主要是创造者，金融界的人主要是索取者，因为金融部门夺走了近三分之一的企业利润,却只创造了 4％的就业机会。她还指出,美国经济过度金融化,如今不是华尔街服务于大众,而是大众服务于华尔街。

活动家和改革者

让我们看看那些想要促进共同利益的人,他们被称为"行善者"(也有人称他们为"捣乱者"),我称他们为活动家和改革者。我知道激进分子存在于两个极端,如在堕胎问题上,有反堕胎者,也有支持堕胎选择权的人,他们认为女性有权选择是否堕胎。在枪支问题上,有些人想自由购买枪支,而另一些人支持枪支管制。

在本书里,我将使用"改革者"这个术语代指那些为世界创造更多美好的人。这些人相信进步可以为更多的人谋幸福。正确的行动是那些促进以下共同利益的行为:更好的医疗和教育,更多的自由和人权。

想要推动共同利益的人被称为"进步者",他们想推动社会进步,把人类想象成历史上从低级状态向高级状态的过渡,认为人类能在智力、科学、社会、经济和政治方面达到更高的能力水平。

在美国,人们倾向于尊重那些已经获得财富或名望的人。然而,我们越来越需要钦佩那些展现公民美德、为共同利益作出贡献的人。我们需要向教师、社会工作者、消防员、警察和战士致敬。我们需要向那些冒着生命危险唤醒人们警惕滥用权力的活动家和改革者致敬,并鼓励权力精英开始塑造一个更美好的世界。

社会运动

个人"行善者"的努力随处可见,但是,除非他们成为集体的"行善者",否则他们不会有太大作用。社会运动始于想法、领导力和沟

通，可以是改革导向的，也可以是革命导向的，我们将关注共同利益
和改革导向的社会运动。

社会运动是社会活动家为了改变社会秩序而进行的有意识的集
体努力[34]。直到最近 40 年，社会运动才开始受到社会学家的系统关
注，在此之前，大多数社会学家认为社会长期处于稳定与和谐状态。
随后，社会学家越来越多地将社会运动视为受害群体为改善自身处
境而提出的正常而理性的政治挑战。从这个意义上说，社会运动产
生于启蒙哲学和现代主义，社会运动把社会秩序看作是一种社会创
造，因此可以通过社会运动和反对活动来改变。[35]

社会运动由三个核心要素组成：(1)目标；(2)主体；(3)对手。该
运动的成员有一个超越当前利益的远大目标。他们的对手有反社会
者、不辨是非者或道德败坏者，阻碍了公众利益和活动家们追求的道
德目标。

基于这种认识，我们研究了八大社会运动，每一场运动都致力于
促进共同利益。

- 环保运动
- 民权运动
- 男女同性恋、双性恋和变性者(LGBTQ)运动
- 妇女运动
- 和平运动
- 劳工运动
- 消费者运动
- 经济改革运动

环保运动

一场保护环境、气候和地球的运动已经在世界各地展开。许多

政府通过了环境法规，非营利组织迫切要求保护环境，现在许多企业开始增强环保意识。

环保运动起源于工业革命。大型燃煤工厂的出现带来了大量的烟尘，导致空气污染空前加剧。1900年后，工业化学物质的排放导致了水污染的加剧，英国中产阶级成员推动了相关法规的制定。英国于1863年通过了《碱法案》（Alkali Act），以减少生产纯碱带来的有害空气污染。

环保组织开始在英国涌现，以影响公共政策和消费者行为。成员迅速增加，包括普通公民、专业人士、宗教人士、政治家和科学家。一些早期的保护措施包括政府的森林管理举措，通过法规来保护动物和鸟类不会因皮毛或羽毛而被捕杀。政府通过了法律，要求所有熔炉和壁炉的使用者必须妥善处理其燃烧时产生的污染。一些市民加入了由约翰·拉斯金（John Ruskin）和威廉·莫里斯（William Morris）领导的"回归自然"运动，他们反对消费主义、污染和其他有害活动，厌恶工业城镇恶劣的环境，糟糕的卫生条件，难以忍受的污染，以及极其拥挤的住房。

英国公民越来越多地呼吁环境保护，主要基于以下三个核心原则：（1）人类活动会破坏环境，（2）一个国家有义务为子孙后代维护或改善环境，（3）经验科学提供了如何保护环境的知识。

19世纪末，美国兴起了一场轰轰烈烈的保护运动。亨利·戴维·梭罗（Henry David Thoreau）在《瓦尔登湖》（Walden）一书中描述了他在大自然中的生活经历。后来，植物学家约翰·缪尔（John Muir）成功游说国会成立了约塞米蒂国家公园（Yosemite National Park），并于1892年成立了塞拉俱乐部（Sierra Club）。1916年，国会设立了国家公园管理局，以提高对自然资源的管理效率和专业性，希望实现对森林、土壤、矿物、野生动物和水资源的有效管理。

1958 年，雷切尔·卡森出版了《寂静的春天》，这给环保运动打了一针强心剂。她认为大自然是脆弱的，会受到杀虫剂 DDT 和其他合成物质的伤害，国会决定禁止使用 DDT。在卡森的下一本书里，她揭露了杀虫剂、食品添加剂和放射性沉降物对环境的负面影响，她的工作拯救了包括美洲鹰在内的许多鸟类，并传递了一种生态思维模式。

如今，更多的注意力转向了如何保护地球的气候和食物。保罗·R.埃尔利希(Paul R. Ehrlich)出版了《人口炸弹》(*The Population Bomb*，1968)，重新唤起了马尔萨斯对人口指数增长的担忧。生物学家巴里·康芒纳(Barry Commoner)领导了一场关于增长、富裕和无序技术的辩论。一个被称为罗马俱乐部的科学家和政治领袖协会于 1972 年发表了《增长的极限》(The Limits to Growth)的报告，并提醒人们注意人类活动对自然资源日益增长的压力。1970 年 4 月 22 日是第一个地球日，因为缺乏有意义的立法行动，所以在 1971 年成立了倡导非暴力行动的绿色和平组织。

20 世纪 70 年代，美国通过了许多关于保护环境的立法，如《洁净水法》(Clean Water Act)、《洁净空气法》(Clean Air Act)和《濒危物种法》(Endangered Species Act)。环境保护署成立于 1970 年，它提出并实施了许多保护气候和环境的积极行动。

1972 年，联合国在斯德哥尔摩组织了人类环境会议，来自多个国家的代表第一次聚会讨论全球环境状况，这次会议促使各国政府创建了环境保护机构和联合国环境规划署。这些机构越来越关注海上油井泄露、汞中毒、臭氧空洞、生物多样性、全球气候变化、全球变暖、森林砍伐、酸雨、核扩散和处置、突变育种、转基因作物和转基因牲畜等问题。

1992 年，联合国在里约热内卢举行了地球峰会，与会者提出了几点看法。

- 环境保护包括通过植树造林、循环利用和污染控制等方面。
- 环境健康关注城市标准，如清洁水、高效污水处理、稳定的人口增长、营养、预防医学和老龄化。
- 环境正义旨在保护低收入和少数族群的环境人权。
- 盖娅运动是一个慈善组织，该组织在发展中国家回收二手服装进行转售（"循环利用"），它的目的是防止旧衣服被填埋。
- 反核运动得到了核裁军运动、地球之友、绿色和平组织、世界医生禁止核战争组织以及核信息和资源服务中心等团体的支持。

美国前副总统戈尔在气候变化和全球变暖方面的工作和电影《难以忽视的真相》（*An Inconvenient Truth*）都值得称赞。2007 年，环保团体再次努力，促成了多年来最大规模的基层环保示威活动，超过 1 400 个美国社区举行了环保集会，许多宗教组织和个别教会发起了专门针对环境问题的活动。

如今有一些激进的环保主义者，他们想不惜一切代价阻止对环境的破坏。另一个极端是一些激进的保守派，他们怀疑全球变暖的科学证据，认为环境保护主义者与私有产权相冲突，损害了企业利润和国家经济增长，并认为环境运动分散了人们对更重要问题的注意力。

如果环保盛行，经济增长可能会放缓。如果我们想要"既满足当代人的需要，又不损害后代人的发展"，这可能就是可持续发展的代价。希望更多的企业坚持利润、人和地球的三重底线（TBL），即追求长期的共同利益。

环保程度将取决于哪个政党和领导人掌权，特朗普总统不认为存在气候问题。他大肆破坏环保事业的成果，包括废除"清洁能源计划"、撤销"清洁水规则"、削弱对有毒化学物质的安全防护、取消对濒危野生动物的保护、扩大沿海的石油开采以及开放 900 万英亩联邦保护土地进行石油开采,许多企业因此蒙受损失,他们亟需与环保组织结盟。法国电力集团、环保主义者联盟、国家野生动物联合会行动基金、NRDC 行动基金和塞拉俱乐部已经联合起来,动员他们的成员在国会中选出支持环境保护的人[36],国防资源委员会也加入进来,共同保护环境。

民权运动

民权运动的目的是确保所有美国人享有宪法前十项修正案(《权利法》)中规定的基本法律权利。第一修正案规定了言论自由、新闻自由、集会自由和宗教自由。政府和任何其他团体都不能剥夺这些权利。

其他修正案包括免于不合理搜查和扣押的自由,保持沉默和不作不利于自己的证词的权利,为无力聘请律师的被告聘请律师和法院指定律师的权利,获得快速审判以及由陪审团对严重罪行进行审判的权利,刑事被告盘问对他们不利的证人并让他们自己的证人出庭作证的权利,被告免受双重威胁以及残酷惩罚的权利。另一项权利是拥有枪支的权利(有一定的资格条件)。

内战前没有这些权利的主要群体是从非洲带来的四百万奴隶,这些奴隶也是 1861—1865 年血腥内战的主要原因之一,这场内战发生在想要解放奴隶的北方和想要奴役他们的南方之间。1860 年亚伯拉罕·林肯的选举是内战的导火索,导致了南方各州脱离联邦。1863 年 1 月 1 日,林肯总统发布了《解放黑人奴隶宣言》,此后奴隶是自由人,享有与美国白人同样的权利。

1865 年 6 月 2 日南方投降,战争结束,美国开始重建。短时间内，非裔美国人能够投票并担任政治职务，通过了三项宪法修正案，包括结束奴隶制的第十三修正案（1865 年）、赋予非裔美国人公民权的第十四修正案（1868 年）和赋予非裔美国男性投票权的第十五修正案（1870 年，美国女性直到 1920 年才能投票）。

重建于 1876 年结束，后重建时期开始。在联邦军队从南方撤出后，南方白人在 19 世纪末重新获得了对州立法机构的政治控制。南方各州通过了新的宪法和法律，以阻止非裔美国人和其他贫困群体投票或进入陪审团。南方各州通过了剥夺非裔美国人公民权的《吉姆·克劳法》（Jim Crow Laws），导致非裔美国人继续遭受了歧视和包括私刑在内的持续的暴力。后来，三 K 党开始恐吓敢于投票或主张自己权利的非裔美国人。总结来说，后重建时期导致了种族再隔离，黑人选举权被剥夺，黑人遭受就业歧视以及暴徒针对他们的种族暴力。

1896 年，美国最高法院在普莱西诉弗格森（Plessy vs. Ferguson）一案中裁定，要求在公共设施中实行种族隔离的州法律，即"隔离但平等"的原则。《吉姆·克劳法》使用标志告诉黑人他们可以在哪些地方合法行走、交谈、饮水、休息或吃饭。直到 1954 年布朗诉教育委员会（Brown v. Board of Education）一案，最高法院才一致裁定地方政府不能再设立具有种族隔离色彩的类似法律（如为白人和黑人设立单独的学校）。

为了结束合法的种族隔离和歧视，非裔美国人民权运动开始了。除了使用教育、立法游说和诉讼等手段，该运动还诉诸抵制、静坐、游行、自由乘车以及其他形式的非暴力运动和反抗。

1910—1970 年期间，大量黑人离开南方到北方寻找更好的机会，这导致了几起种族骚乱，因为许多黑人面临就业和住房歧视（例如限制性契约和红线），许多白人不惜承担房价下跌带来的损失也要逃到郊区，以避免与黑人住在一起。

菲利普·伦道夫(Philip Randolph)于 1963 年 8 月 28 日在华盛顿组织了一次大规模的民权游行，以争取：(1)有意义的民权法律，(2)大规模的联邦工程计划，(3)充分和公平的就业，(4)体面的住房，(5)投票权，(6)充分的综合教育。游行取得了成功，约 20 万至 30 万示威者聚集在林肯纪念堂前，马丁·路德·金在那里发表了著名的《我有一个梦想》(I Have a Dream)演讲。

争取非裔美国人公民权的运动吸引了许多有奉献精神的领导人，他们冒着个人风险推进共同事业，其中包括罗莎·帕克斯(Rosa Parks)、拉尔夫·阿伯纳西(Ralph Abernathy)、马尔科姆·艾克斯(Malcolm X)、朱利安·邦德(Julian Bond)、罗伯特·威廉姆斯(Robert F. Williams)、梅加·埃弗斯(Medgar Evers)、休伊·牛顿(Huey Newton)、鲍比·西尔(Bobby Seale)、菲利普·伦道夫、詹姆斯·福尔曼(James Forman)、安德鲁·扬(Andrew Young)和斯托克利·卡迈克尔(Stokely Carmichael)。

林登·约翰逊担任总统期间，民权运动达到了高潮。上任不久，约翰逊就向贫困宣战。他说："各种族的事业休戚相关。因为不仅仅是黑人，我们所有人都必须克服偏见和不公正带来的严重后果。我们一定会克服的。"约翰逊引入了改革，他说这将为所有美国人建立一个伟大的社会。他积极推动国会通过立法，打击文盲、失业和种族歧视。他提倡改善教育、预防犯罪、减少空气和水污染的措施。他雄心勃勃地创建了医疗保险和医疗补助计划，为老年人和贫困美国人提供联邦医疗保险。他在任职期间推动了三大具有深远影响的立法，分别是 1964 年《民权法》(Civil Rights Act of 1964)、1965 年《选举权法》(Voting Rights Act of 1965)和 1968 年《公平住房法》(Fair Housing Act of 1968)。

推动这一立法在很大程度上要归功于马丁·路德·金富有魅力的领导才能和哲学思维,他的雄辩和勇敢使他获得了 1964 年诺贝尔和平奖。正如金所说:"人类的道德弧线很长,但最终通向平等。"

无数英雄不仅为黑人,也为其他群体伸张正义,比如西班牙裔和亚裔。最近,所有公民权利正受到全球专制主义发展的威胁,一些保守的州在 2018 年选举期间采取了压制选民的措施。特朗普总统似乎不太了解民权,经常谈论来自自由媒体的假新闻。一些国家的民粹主义和民族主义正在抬头,这对民权和共同利益来说不是好兆头。

在这里,商界包括投票权的主要组织,必须致力于保护公民权利和人权。这些组织包括美国公民自由联盟、全美有色人种协会法律辩护基金、反诽谤联盟和国际特赦组织。

男女同性恋、双性恋和变性者运动

与民权运动相关的是男女同性恋、双性恋和变性者社会运动,该运动旨在使"男女同性恋、双性恋和变性者"获得平等待遇。这些人不应因性取向而受到歧视或隔离。他们的抗争历史始于 19 世纪,由美国扩散至全世界,并通过政治活动和立法推进扩展人权概念事业,包括游说、街头游行和媒体宣传。

历史上,大多数国家都通过法律将这些行为视为不受社会欢迎的严重罪行,其目的是为了捍卫"传统"家庭。如果男人和男人同居,女人和女人同居,生育率就会下降,人类就会消失,主流宗教谴责这些行为,并呼吁法律禁止。毫不奇怪,许多男女同性恋、双性恋和变性者经历了异性恋者的攻击和欺凌。这种共同的虐待使许多男女同性恋、双性恋和变性者聚集在一起。

同时,还有内部冲突。一些男女同性恋者憎恨双性恋者,认为他们没有完全忠于自己的性别立场,有些人可能还会对混淆男性和女性概念的变性人感到不满。

许多男女同性恋、双性恋和变性者认为自己不想改变或无法改变，他们不想接受皈依疗法，也不想纯粹靠意志力或宗教皈依来改变，他们只是想自由地生活在平等的环境中。

大约在 1785 年，社会改革家边沁为英国同性恋法律改革写了第一篇著名的文章。他认为同性恋中没有受害者，不应该受到刑事指控，继而对同性恋者的法律处罚（绞刑）提出质疑。1791 年，法国成为第一个同性恋合法化的国家，尽管如此，许多著名的同性恋者还是受到了迫害。1895 年，剧作家奥斯卡·王尔德（Oscar Wilde）被判处两年监禁和苦役，获释后，他流亡生活了三年，于 45 岁去世。

从 19 世纪 70 年代开始，一些秘密组织就在为同性恋合法化而斗争。诗人约翰·阿丁顿·西蒙兹（John Addington Symonds）在 1873 年出版了《男性的爱：希腊伦理学中的一个问题》（*Male Love：A Problem in Greek Ethics*），探讨了古希腊的同性恋行为。19 世纪 90 年代的社会主义诗人爱德华·卡彭特（Edward Carpenter）写下了《中间之性》（*The Intermediate Sex*），以捍卫人类自然特征——同性之爱。1897 年，英国性科学家哈夫洛克·埃利斯（Havelock Ellis）对同性恋进行了客观的科学研究，并在《性反转》（*Sexual Inversion*）一书中得出结论，同性恋不是病理或犯罪，不应被法律禁止。这场运动在很大程度上与"自由恋爱"运动有关，该运动批评维多利亚时代的性道德和家庭制度是对妇女的奴役。

1919 年，马格努斯·赫希菲尔德（Magnus Hirschfeld）在德国成立了性科学研究所，为成千上万的"第三性"客户提供咨询，研究并倡导包括性教育、避孕和妇女权利在内的性改革。1922 年，苏联将同性恋合法化，随后将堕胎合法化，并允许符合条件的夫妻离婚。

1957 年，英国的沃尔夫登（Wolfenden）报告建议"成年人私下的同性行为不应再被视为犯罪"。这最终导致了 1967 年的《性犯罪法案》(Sexual Offenses Act)将 21 岁以上的男性同性恋行为合法化。

1962 年,在费城的独立大厅前举行了一场同性恋游行,一些历史学家将其描述为现代同性恋权利运动的开端。1969 年,包括同性恋解放阵线(Gay Liberation Front,GLF)和同性恋活动家联盟(Gay Activists' Alliance,GAA)在内的组织成立,他们希望用"同性恋行为"来对抗"异性恋行为",认为这是一场展示"同性恋骄傲"的解放运动,并在美国和西方世界建立了分会。

第一次"同志骄傲大游行"发生在 1970 年 6 月。1972 年,瑞典成为第一个允许变性者通过手术改变性别的国家,并允许从 15 岁开始结交同性伴侣。1972 年,双性恋之友委员会发表了《伊萨卡双性恋声明》("Ithaca Statement on Bisexuality")。最后,在 1973 年,美国精神病学协会将"同性恋"从精神疾病诊断手册中删除。

1977 年,哈维·米尔克(Harvey Milk)当选旧金山监事会成员,成为美国第一个公开同性恋身份的公职人员,但一年后被暗杀。同性恋运动的一个重大挫折发生在 1977 年,当时安妮塔·布莱恩特(Anita Bryant)以"拯救我们的孩子"口号反对同性恋,她的竞选活动导致许多政府官员被解雇。吉尔·约翰斯顿 1973 年的著作《女同性恋国家》(*Lesbian Nation*)等著作深刻影响了女同性恋、女权主义和分离主义。

20 世纪 80 年代,艾滋病的出现带来了新的威胁,夺走了许多运动领导者的生命,并在普通民众中引起了怀疑或警惕。1987 年,艾滋病解放力量联盟(AIDS Coalition to Unleash Power,ACT UP)成立,为艾滋病患者争取更多帮助。为了将整个 LGBT 群体的利益联系在一起,一些人在名单上增加"同性恋者"(queer),使 LGBT 扩展为 LGBTQ。

1989年，马歇尔·柯克（Marshall Kirk）和亨特·麦德森（Hunter Madsen）出版了《舞会之后：美国将如何克服90年代对同性恋的恐惧和仇恨》（After the Ball：How America Will Conquer Its Fear and Hatred of Gays in the '90s）。相对于早期的同性恋解放时期，他们呼吁LGBTQ向异性恋群体更积极地展示自己。他们概述了一项公关策略，拟通过标准媒体、公共服务公告、付费广告和媒体培训研讨会以平息美国人对同性恋运动的不满。

2001年，荷兰成为第一个同性婚姻合法化的国家。随后的几年里，有20多个国家纷纷效仿。2003年，美国最高法院废除了14个州的鸡奸法，使双方自愿的同性恋性行为合法化。2008年，联合国大会投票通过了联合国关于性取向和性别认同的宣言。在美国，政府在2010年废除了"不问不说"的法律，同性恋者现在可以公开在军队服役。2012年，美国住房和城市发展部发布了一项法规，禁止在联邦政府资助的住房项目中歧视同性恋者。2015年6月，美国最高法院裁定每个州都应平等地承认同性婚姻。这一历史性的裁决导致在接下来的12个月里登记了超过123 000桩同性婚姻。

多年来，男女同性恋、双性恋和变性者（LGBTQ）运动取得了巨大的进展，这要归功于无数活动家公开了他们的性取向，并为同龄人铺平道路。这场运动冒犯了许多在道德、宗教、政治或个人方面反对这些新权利的个人和组织，两个立场之间的问题包括：（1）不应允许同性伴侣结婚；（2）LGBTQ行为攻击传统宗教和家庭的神圣性；（3）学校不应该教LGBTQ甚至性知识。相关问题目前仍在进行激烈的辩论，亟待解决。

公司面临一个选择，要么不提LGBTQ运动，要么公开支持LGBTQ的人权和民权，包括同性婚姻。LGBTQ通常存在于公司雇员中，至少公司需要尊重他们，给予平等权利，同时LGBTQ不得在工作或住房方面受到歧视。

妇女运动

历史上，妇女一直是最受压迫的群体，甚至"历史"这个英文单词也意味着"他的故事"（his story），而不是"她的故事"（her story）。男性控制了历史的书写，也控制了女性，几乎每个社会都是父权制，很少是母权制。

事实上，女性在父权制社会中也产生了影响，埃及艳后克利奥帕特拉、英国维多利亚女王和英国伊丽莎白女王在世界事务中拥有不可忽视的权威和影响力。妻子对她们的丈夫会产生一些影响或指导，而这在历史上很少被注意到。

妇女运动是关于生殖权利、家庭暴力、产假、同工同酬、妇女选举权、性骚扰和性暴力等问题进行改革的运动。不同的国家，甚至不同的社区，其优先权也各不相同。例如，男女同工同酬在美国可能是一个大问题，而在沙特阿拉伯可能根本不是问题。

在西方世界，妇女运动经历了四次浪潮。

第一次浪潮：妇女参政运动。传统妇女的角色在家庭中得到发挥，妻子在家庭中生儿育女，管理家务和食物，购置衣服。丈夫不希望妻子在外面找工作，妻子不参与经济或政治：她们不太了解收入、税收、政治和投票。此外，妻子也负责与大家庭和邻居保持良好的社会关系。

这些狭隘的看法遭到了女性的反抗。有些人逃避婚姻，有些人离开丈夫去寻找不同的生活，有些人则继续他们的婚姻，但希望能更深入地了解经济和政治。

从 19 世纪后期开始，一些妇女（被称为妇女参政论者）组织起来并争取公共选举中的投票权。1848 年，第一次妇女权利大会在纽约的塞尼卡福尔斯举行，并通过了一项支持妇女选举权的决议。1869年，成立了两个全国性组织，一个由苏珊·B.安东尼（Susan B. Anthony）和伊丽莎白·凯迪·斯坦顿（Elizabeth Cady Stanton）领导，另一个由露西·斯通（Lucy Stone）领导。两者在1890年合并为美国全国妇女选举权协会（NAWSA），由苏珊·安东尼担任其领导人。

妇女参政论者旨在让美国最高法院裁定女性拥有宪法赋予的投票权。妇女参政论者接连在许多州施加压力，提起诉讼，中断政治会议，甚至不惜付诸生命。从1869年开始，21岁以上的白人妇女可以在怀俄明州西部地区投票，从1870年开始，可以在犹他州投票，但这些都是例外。苏珊·安东尼于1872年因投票被捕，这给妇女事业带来了新的宣传和动力。然而，最高法院在1875年否决了妇女参政论者。

1916年，艾莉丝·保罗（Alice Paul）成立了全国妇女党（NWP），这是一个迫切要求通过全国选举权修正案的激进组织。1917年，数百名支持者在白宫示威并绝食抗议，但遭受逮捕、监禁和强制喂食，拥有200万成员的美国全国妇女选举权协会为在州立法机构和美国国会的投票权而斗争。

最后，在1920年8月26日，美国国会通过了第十九修正案，指出："美国或任何州不得因性别而剥夺美国公民的投票权。"最后，经过几十年的斗争，美国妇女获得了选举权。然而，未婚妇女依旧被禁止使用避孕药具，堕胎会受到法律惩罚，怀孕会导致立即被解雇。尽管越来越多的国家实现了妇女的政治选举权，但仍有许多工作要做。

第二次浪潮：妇女权利的进一步加强。除了投票权，妇女还追求更多的权利。她们要求拥有财产，提出离婚诉讼和"无过错"离婚的权利，要求更公平的工资和接受大学教育的机会。她们想要使用避孕药具和节育来决定家庭规模的大小，而不是由丈夫来决定。

　　妇女运动承认了现代文化中的父权体系，但也意识到了挑战和重塑政治结构、权力所有者和文化信仰或实践的必要性。她们还指出，妇女在黑人和亚洲家庭中遭受虐待，并希望利用教育唤醒她们的女权意识。同时，这一阶段的女性领导人在很大程度上享有特权，有时间和精力寻求改变，以改善女性的生活。

　　第三次浪潮：女权运动。许多自我意识觉醒的女权主义者写了一系列的书，向女性群体传播新思想和抱负。西蒙娜·德·波伏娃（Simone de Beauvoir）在 1949 年写了《第二性》(*The Second Sex*)，她在书中列举了许多阻碍有才华女性成功的因素。其中包括妇女的家庭责任、同工不同酬、社会歧视，以及职业女性婚姻障碍。波伏娃的写作和她的个人生活方式引发了妇女解放运动。

　　贝拉·艾布扎格（Bella Abzug）是美国律师、众议员、社会活动家和妇女运动领袖，她为通过平等权利修正案和其他事业而奋斗，如同性恋权利、同工同酬和公平住房。她在众议院投票中被选为众议院排名第三最有影响力的议员。她写了《性别差异：贝拉·艾布扎格的美国妇女政治权利指南》(*Gender Gap：Bella Abzug's Guide to Political Power for American Women*)，她的名言包括"我们步下高台，从洗衣等琐事中得到解放"，"女性应在参议院大展拳脚"和"当权派是由对于女权兴起感到害怕的小人物组成的"。

　　美国作家、活动家、女权主义者贝蒂·弗里丹（Betty Friedan）于 1963 年出版了《女性的奥秘》(*The Feminine Mystique*)，引发了美国女权主义的第三次浪潮。1966 年，弗里丹创立了全美妇女组织（NOW），并成为该组织的首任主席，旨在让女性"以与男性平等的地位进入美国社会主流"。1970 年，弗里丹组织了全美国性的争取妇女平等的罢工，取得了预期之外的成功。1971 年，弗里丹与其他主要女权主义者一起建立了全国妇女政治联盟。1981 年，她写了《第二阶段》(*The Second Stage*)，批评了一些极端女权主义者的越矩行为。

葛罗莉亚·斯坦能姆是美国女权主义者、记者和社会政治活动家。在 20 世纪 60 年代末和 70 年代初成为全国公认的美国女权运动领袖。1969 年，斯坦能姆发表了一篇名为《黑人权力之后，是女性解放》("After Black Power，Women's Liberation")的文章，使她成为了女权主义领袖。2005 年，格洛丽亚·斯泰纳姆、简·方达(Jane Fonda)和罗宾·摩根(Robin Morgan)共同创立了妇女媒体中心，旨在"让女性在媒体中受到关注、更具影响力"。

澳大利亚作家和知识分子杰曼·格里尔(Germaine Greer)被认为是女权运动的主要发声人。格里尔写了一本有争议的书《被阉割的女性》(*The Female Eunuch*，1970)，系统解构了女性和女性气质等概念。她认为，女性被迫在社会中扮演顺从的角色，以满足男性对女性身份的幻想。她出版了很多的书籍，包括《性与命运：人类生育的政治》(*Sex and Destiny：The Politics of Human Fertility*，1984)，《变化：妇女、老龄化和更年期》(*The Change：Women，Ageting and the Menopause*，1991)和《完整的女人》(*The Whole Woman*，1999)等。

第四次浪潮：妇女的独立和经济权力。如今的女性拥有更广泛的选择权，即使她已步入婚姻。如果婚姻不幸福，她也可以选择离婚，甚至多次离婚。即使她不结婚，她仍然可以和男性同居。不管有没有丈夫，女性也可以有孩子，已婚或同居的女性期望男性更多地承担家务和照顾孩子。她很可能有自己的事业和工作，需要家里的帮助，男性正在改变并接受分担家务的责任。

现代家电的发展减少了家务所需的时间，更多的女性可以就业，和男性同场竞技，但是女性也更容易受到轻视和性骚扰。

女性意识到她们有更多的选择，如保持单身，成为同性恋、双性恋或变性者。如今，女性在年轻时收到的求婚越来越少，许多男人更喜欢专注于事业。随着性自由的增加，婚姻和育儿被推迟了。不管结婚与否，女人仍然可以生孩子，男女之间依旧可以浪漫生活。维琴尼亚·萨提亚（Virginia Satir）说："一个新的时代已经到来，社会风气已经改变，妇女不再愿意顺从。"

不久前，女性不能拥有财产，不能上大学，也不能从事大多数职业。在 1973 年，银行不会以女性的名义向女性发放信用卡，也不会在没有男性联署人的情况下提供贷款。尽管通过了《同工同酬法》（Equal Pay Act，1963 年，2018 年更新）[37]，但在同样的工作中，女性的收入仍然只有男性的 80%，她们仍然面临着"玻璃天花板"，这意味着像男性一样有能力晋升到公司高层的女性非常罕见。许多人仍然面临来自男性上司或其他男性员工的性骚扰。幸运的是，2017 年 10 月，反对性虐待的"Me Too"运动迅速蔓延，揭露了男性的不当行为。总的来说，妇女解放依旧任重而道远。

企业需要在男女平等方面采取更迅速、更深入的行动。大量女性正在进入医学、法律、工程、市场营销和金融等行业，表现出很高的技能，并得到越来越多的认可。许多女性正在开办自己的书店、沙龙、信用合作社和其他企业，越来越多的女性正在竞选政治职位并赢得国会席位。现在的女性比过去做得更好吗？答案是肯定的。女性现在是否享有与男性同等的权利和机会？答案是否定的，但她们正在迅速追赶。

和平运动

人类似乎更喜欢战斗，而不是缔造和平。战争总是在发生，20世纪发生了两次灾难性的世界大战。然而，大多数民意调查都显示，人们迫切希望和平而不是战争。

　　一谈到战争，许多人就会产生抵触思想。然而战争一旦开始，人们就不得不服从政府的安排，当一方出现失败的苗头，国内就会不断涌现反战势力开始呼吁和解，要求以和平取代战争。时至今日，和平运动取代了战争。

　　我们需要一个长期存在的和平运动来避免世界再次发生战争。伍德罗·威尔逊总统鼓励欧洲盟友成立国际联盟以防止战争爆发，但失败了。在这一问题上，罗斯福总统成功了。然而，联合国从未获得足够的资金来建设强大武装力量以结束世界各地时常发生的战争冲突。

　　然而，参与呼吁世界和平和反战的活动家与政治利益集团仍保持紧密联系，他们提倡和平主义、非暴力抵抗、外交、抵制、和平阵营以及道德或宗教压力，投票支持反战政治候选人，赞成禁止或控制枪支和武器，希望军工复合体提高透明度，并认为战争是以牺牲年轻人的生命为代价来牟取暴利的。和平活动家利用政治游说来制定立法，他们支持告密者、战争罪行委员会，并与绿色组织和其他组织合作以追求和平。

　　和平活动家对于"和平"有各自的观点，和平主义者希望政府不要发动或参与战争。然而，当国家即将遭受攻击时，和平主义者会提出什么建议？国家应该投降吗？还是说应该用非暴力而不是用枪支和武器进行反击？

　　全球和平运动的支持者主张保障人权，确保所有人都能获得空气、水、食物、住所和医疗保健，并为被边缘化的人争取社会正义。许多人反对枪支、机枪、手榴弹、危险技术和大规模杀伤性武器的扩散，并禁止核武器和生物战，许多人加入了民主国家的绿党。

　　16世纪的新教改革产生了一系列以和平为中心的新基督教教派，

包括贵格会(Quakers)、阿米什教派(Amish)、门诺派(Mennonites)和兄弟会教派(Church of the Brethren)。贵格会拒绝一切形式的暴力,坚持对基督教的严格和平主义解释。贵格会教徒不在军队和民兵中服役,甚至拒绝缴纳罚款。许多人从启蒙时期和基督教中汲取灵感,其中包括卢梭、康德(《永久和平思想》,Thoughts on Perpetual Peace)和在 1789 年提议成立和平协会的边沁。

第一次和平运动出现在 1815—1816 年拿破仑战争结束时。纽约和平协会和马萨诸塞州和平协会成立于 1815 年,他们每周定期举行会议,制作和分发关于战争恐怖的文学作品,并基于基督教倡导和平主义。伦敦和平协会成立于 1816 年,旨在促进永久和普遍的和平。19 世纪 40 年代,英国妇女成立了"橄榄叶圈",由大约 15—20 名妇女组成,以讨论和宣传和平主义思想。1843 年,伦敦和平协会于伦敦召开了第一届国际和平大会,大会确定了两个目标:在国家事务中实现和平仲裁,建立实现这一目标的国际机构。和平也成为日益壮大的工人阶级社会主义运动中的一个重要问题,许多社会主义者认为,战争本质上是政府为了资本主义精英的利益而对工人阶级的一种胁迫。

圣雄甘地(1869—1948 年)成为 20 世纪最有影响力的和平与非暴力发言人之一。甘地主义基于对人性善良的永恒信念,被视为一种政治信条、经济学说、宗教观、道德准则和人道主义世界观。甘地深受小说家列夫·托尔斯泰和平主义思想的影响,列夫·托尔斯泰强调,只有把爱作为武器,通过非暴力抵抗,好人才能战胜压迫者。甘地说:"有许多我愿意为之献身的事业,但没有一个我愿意为之杀戮的事业。"

1914 年,汉密尔顿·霍尔特(Hamilton Holt)发表了一篇名为《解除武装的方法:一项切实可行的提案》("The Way to Disarm：A

Practical Proposal"）的文章，呼吁国际组织支持仲裁争端，并通过维持足以击败任何非成员的军事力量来保障其成员的领土完整。这一倡议和其他倡议在第一次世界大战后催生了建立国际联盟的想法。1915年，简·亚当斯领导了妇女和平党和国际妇女争取永久和平委员会。

在第一次和第二次世界大战期间，都有不少坚决拒服兵役和抵制缴纳战争税的人。配合的反对者被安排在非战斗部队服役，拒绝配合的抵制服兵役者则在联邦监狱服刑。

美国在广岛和长崎释放的可怕核武器使得和平活动人士呼吁禁止、解除或销毁核武器。核裁军运动的主席、哲学家伯特兰·罗素，在伦敦和英国核基地的静坐示威中进行了非暴力反抗，并在89岁时和其他几个人一起被监禁。科学家莱纳斯·鲍林致力于推动禁核和反战运动，最终于1963年被授予诺贝尔和平奖。

20世纪60年代，美国民间反对越南战争的和平运动愈演愈烈，抗议者包括新左派、社会主义者和反帝国主义者。1968年，在芝加哥举行的民主党全国代表大会上发生了反战骚乱，警察用棍棒打死了一些抗议者。这一事件和越南的美莱村屠杀一同引发了大学校园的抗议活动，简·方达加入了抗议运动，并获得了更多的支持，推动了越南战争的结束。

为什么世界上没有真正的和平运动？数十个组织正在为和平而努力，包括美国和平协会、亚太和平研究协会、伯特兰·罗素和平基金会、佛教和平友谊会、天主教国际和平协会、和平与安全经济学家协会、德国和平协会、全球妇女和平研究所、国际和平研究所和国际非暴力组织。人们希望这些组织能够相互交流，形成更大的联盟，并结合各个组织的资源和信息，实现强大的媒体影响力。

每年，诺贝尔基金会都会在挪威奥斯陆向杰出的个人或团体颁发和平奖。奥斯陆和平商业基金会每年都举办一次会议,以表彰为和平作出卓越贡献的商业人士。联合国的成立是为了建设一个和平世界,并防止未来战争的发生。营销和平需要频繁的活动来改变人们态度和信念,需要法律来防止仇恨犯罪,需要经济补救措施来更公平地实现收入财富分配。沟通和冲突解决理论提供了和平解决冲突的见解和过程。

企业需要展示他们对地方、地区和世界和平的支持。只有少数企业能从战争中获益,大多数企业都会亏损。企业必须警惕那些希望将更多税收用于国防或阅兵以展示军事实力的政客,国家应该将更多的资金用于教育和培养外交技巧以及建立和平的能力。

劳工运动

劳工运动始于工业革命时期,当时农业工作岗位减少,工人进入工业区从事长时间的低薪工作,并围绕某个行业(运输、零售、管道工程等)组建了工会,工会寻求与管理层就工资、福利和工作条件进行谈判的权利。然而,工会遇到了巨大的阻力。管理层经常动用警察,竭尽全力解雇工会领导人,扰乱工会会议或阻止罢工。

工会为了通过有利的劳动法而争取政治权力。在许多国家,都出现了为更好的劳动和就业法律而请愿立法的工党。1864 年,工人们在伦敦成立了国际工人协会,就工人组织权和每天工作 8 小时权利等问题进行国际协调。随着教皇利奥十三世的文件《论工人阶级的状况》("On the Condition of the Working Classes")的出版,劳工运动得到了发展。该文件主张对工作时间、生活工资、童工劳作、劳工组织权以及国家规范劳动条件的义务等问题进行改革。

工会力量增长了一段时间,赢得了管理层的许多让步。1935 年通过的《国家劳动关系法》(National Labor Relations Act, NLRA)

保障私营部门雇员的基本权利，包括组织工会、为更好的工作条件进行集体谈判以及采取集体行动（必要时包括罢工）。工人设法获得了更高的工资、更好的工作条件和更好的医疗计划，可以享受双休日、最低工资、带薪假期和八小时工作制等，并且不再使用童工。

然而，管理层坚持利用其政治权力限制工会的经济权力。1947年，美国国会通过了《塔夫特—哈雷法》（Taft-Hartley Act），哈里·杜鲁门总统试图否决它，但失败了。该法列出了被禁止的工会行为或不公平的劳动行为。《国家劳动关系法》以前只禁止雇主不公平的劳动行为，现在《塔夫特—哈雷法》禁止包括辖区罢工、自发罢工、群体或政治罢工、二级抵制、大规模纠察、关闭商店以及工会向联邦政治运动捐款等行为，还要求工会官员与政府签署非共产主义宣誓书。工商机构受到严格限制，各州被允许通过禁止收取代理费用的工作权利法。此外，如果当前或即将发生的罢工危及国家安全，联邦政府的行政部门可以获得法定的罢工禁令。

英国首相撒切尔夫人将"削弱工会权力"作为结束英国经济停滞的主要政策之一，美国总统里根也采取了类似的措施。随着时间的推移，工会的力量逐渐衰弱。美国加入工会的工人数量一度高达30％，然而目前大约只有6％，这有助于解释为什么美国工人的实际工资自20世纪80年代以来一直停滞不前，也有助于解释为什么美国工人的医疗费用变得更加昂贵，因为工会已经失去了在单一支付者医疗计划（全民医疗保险）中的投票权。

大约四分之一的美国人没有任何带薪假期，而大多数富裕国家的工人都有。欧盟依法保证工人每年至少有20天带薪长假期，每年有5—13天的带薪短假期，而在美国，带薪假期的缺乏对低收入工人、兼职工人和小企业雇员的影响尤其严重，美国工人仍然需要组织起来，以获得更多权益。

如今，大多数美国商界领袖仍不愿给予工人企业经营的发言权。相比之下，在德国和日本，工人会被组织起来参与战略规划。一般来说，重视员工利益的公司，员工关系更好。如今，越来越多的公司认识到让员工和客户满意的重要性，缺乏满意度的员工会对公司经营活动产生负面影响。而那些有良好劳动规范和工会代表的公司应该对此感到自豪，他们将在吸引新员工方面具有优势。

消费者运动

消费者社会运动旨在改变围绕消费和营销的各种社会秩序要素。消费者运动的目标是改变组织、企业、行业和政府的原则、实践和政策。值得注意的是，在工业化的早期，劳工作为被压迫阶级而受到关注，而在后工业社会，消费者开始被视为被压迫的阶层。[38]

消费者的问题变成：谁来组织消费，是管理者、技术专家还是消费者？消费者运动的目的是帮助克服管理者和其他技术专家的压迫性消费计划。消费者维权人士敦促消费者抵制特定的工业缺陷或营销欺诈行为，例如销售不安全车辆或发布欺骗性广告。消费者运动可能会提出新的法律法规和消费者教育计划，甚至抵制以保护消费者免受不良商家、市场波动和囤积居奇的侵害。一些消费者维权人士可能会扩大规模使之成为反对全球资本主义的社会运动。

1890—1920 年美国的快速工业化导致日益严重的经济和社会问题。历史学家将这一时期称为"进步时代"（The Progressive Era），因为许多运动改善了工厂的生产环境。受过教育的进步人士主要生活在城市，他们相信政府可以引导变革，社会改革家例如简·亚当斯和记者艾达·塔贝尔（Ida Tarbell）都发出了强有力的号召，鼓励美国人投票，并通过倡议、公投和召回来改善消费和工作条件。1901 年成为总统的西奥多·罗斯福（Theodore Roosevelt）认为，需要约束企业行为来控制企业的无序扩张。

进步时代催生了黑幕揭发者（专门揭丑的记者），他们抨击现有制度和领导人的腐败。1906 年，厄普顿·辛克莱（Upton Sinclair）因其揭露丑闻的经典小说《丛林》（*The Jungle*）而名声大噪，小说揭露了美国肉类加工业恶劣的劳动和卫生条件，尤其是对肉类加工厂不卫生和不人道工作条件的披露震惊了读者。消费者要求社会改革，这促使了 1906 年《纯净食品和药品法》（1906 Pure Food and Drug Act）和《肉类检验法》（Meat Inspection Act）的通过。

在 20 世纪 30 年代的大萧条期间，消费者联盟和消费者报告开始帮助消费者更好地了解消费者权利以及市场上更有价值的产品。1962 年，约翰·肯尼迪（John Kennedy）总统颁布了《消费者权利法》（Consumer Bill of Rights），这使得政府在必要时得以成为消费者的积极捍卫者。从 1968 年开始，美国消费者联合会成为消费者运动的伞型游说组织。

20 世纪 60 年代，最著名的黑幕揭发者是美国记者、社会评论家万斯·帕卡德（Vance Packard）。他在 1957 年出版了《隐藏的说服者》（*Hidden Persuaders*），在书中，他探讨了广告商利用消费者动机研究和其他心理学技术（包括深度心理学和潜意识策略）来操纵消费者的期望并诱导对产品的欲望，确定了广告商在产品中构建的八个迫切需求。他还出版了其他书籍来评论社会，包括《地位的寻求者》（*The Status Seekers*，1959）、《废物制造者》（*The Waste Makers*，1960）和《人物塑造者》（*The People Shapers*，1977）。

1965 年，拉尔夫·纳德出版了《任何速度都不安全：美国汽车设计埋下的危险》（*Unsafe at Any Speed：The Designed In Dangers of the American Automobile*），这本书指责美国汽车制造商没有引入安全带等安全功能，并揭露了制造商不愿意花钱来提高汽车安全性的普遍现状。从那时起,拉尔夫·纳德成为最著名的消费者维权人士。纳德和理想主义的常春藤盟校学生一起创办了"纳德袭击队",并在 20 世纪 70 年代对消费者法律和市场监管产生了巨大影响。

2011 年,在金融危机之后,参议员伊丽莎白·沃伦(Elizabeth Warren)推动建立消费者金融保护局(CFPB),以帮助美国人作出更好的金融决策。CFPB 发布了数十项保护措施,保护消费者免受抵押贷款机构、学生贷款服务机构和信用卡公司不正当行为的侵害。

由此,我们看到消费者运动经历了三个阶段。第一阶段关注食品和药品供应方面的不规范行为。第二阶段重点关注监管机构和非营利组织的崛起,以揭露广告和其他做法是如何操纵消费者的。第三阶段激发了保护消费者免受侵权的法律行动。一些消费者维权人士不仅指责贪婪的企业,还指责消费者过度消费,尤其是消费损害了身体健康的糖、盐和脂肪。此外,越来越多的消费者认识到过度消费会对环境和地球产生不利影响。

企业说他们总是为消费者利益而努力,但仍有强烈的利润动机,以至于企业会出售明知有害健康的香烟和高脂肪产品。一些公司正在尽力减少食品中的糖、盐和脂肪,希望做出不影响公司盈利且有利于消费者健康的改变。政府有必要通过减少有害产品生产或消费的法规。与此同时,企业开始关注,公共教育体系是否能培养出足够数量的受过良好教育且具备阅读、写作和算术基本技能的公民。

经济改革运动

今天的美国资本主义代表着 19 世纪自由贸易、放松管制、私有化、财政紧缩和更小政府等一系列理念的复兴,旨在最大限度地激励企业追求不受限制的经济利益,衡量标准是 GDP 增长了多少? 然而，它忽略了劳资双方如何分享发展成果，当经济增长出现时，超过85％的资金流向了投资者，只有15％流向了工人。

资本主义的另一个模式——北欧资本主义——认为商业应该恪守三重底线（triple bottom line，TBL）：利润、人和地球。我们需要研究当前的美国资本主义模式是否能够或应该向北欧资本主义模式转变。

20世纪30年代大萧条期间，罗斯福改革了失败的自由市场经济体制，利用大量凯恩斯主义和政府积极干预措施来推动就业和经济增长。经济略有改善，但真正的经济增长发生在第二次世界大战开始和战后重建时期。

20世纪60年代末，在政府干预经济下，经济增长停滞和通货膨胀的问题日益严重，这推动了有利于新自由主义经济（政府监管较少）的改革运动。芝加哥大学的经济学家米尔顿·弗里德曼将他的团队带到了奥古斯托·皮诺切特（Augusto Pinochet）将军独裁统治下的智利。他们按照自由市场原则重组经济，主要措施包括银行和公共部门企业的大规模再私有化、养恤金制度的私有化、废除最低工资条例、取消对食品的价格管制、减少工会权利和降低利润税。这些新自由主义措施使智利走上了一条新的经济增长道路。

英国首相撒切尔夫人和美国总统里根也奉行同样的新自由主义路线。特朗普总统甚至进一步放松监管，并取消或减少社会保障和联邦医疗保险等基本保障体系，而这恰恰是土耳其、俄罗斯、中国、匈牙利和波兰等国强势崛起的关键。

美国民主党强烈认为，新自由主义被过度推崇，并在很大程度上导致了收入和财富的日益集中，以及工人阶级工资停滞不前。美国仍有13％的贫困公民，自20世纪80年代以来，美国工人的实际收入并未提高。

一些美国人在提出经济体制改革建议时成为了英雄。哈佛大学经济学家约翰·肯尼思·加尔布雷思(John Kenneth Galbraith)在1958年出版的《富裕社会》(*Affluent Society*)等著作中对美国经济体系提出了批评,指出了美国过度发展私营经济,公共经济发展不足,并描述了公共财产在私有化过程中是如何被忽视的,强调政府需要花费更多财政资金来提高生活质量。

作家兼出版商索尔·阿林斯基(Saul Alinsky)指出,美国经济存在许多需要纠正的缺陷。他制定了“向美国公司施压,迫使特定公司改变做法”的计划,并在《激进派的规则:现实主义激进派的实用入门》(*Rules for Radicals：A Practical Primer for Realistic Radicals*,1989)一书中描述了颠覆性方法。

律师、经济学家、前美国劳工部长罗伯特·赖克(Robert Reich)认为,美国的资本主义和民主需要新的思考和修正。他在《拯救资本主义》(*Saving Capitalism*,2015)一书中描述财富日益集中带来的灾难性影响。同时,他在《共同利益》(*The Common Good*,2018)一书中,呼吁更多的美国人团结起来,结束“红色”和“蓝色”的强烈对峙。

麻省理工学院主修语言学的社会评论家诺姆·乔姆斯基(*Noam Chomsky*)出版了《利益高于人民》(*Profits over People*),并从社会角度发表了揭露美国经济主要问题的重要讨论。

著名社会评论家纳奥米·克莱因(Naomi Klein)在《休克主义:灾难资本主义的崛起》(*The Shock Doctrine：The Rise Disaster Capitalism*,2010)、《这改变了一切:资本主义 vs. 气候》(*This Changes Everything：Capitalism vs. The Climate*,2014)、《只说“不”远不够:抵制特朗普的休克政治,赢得我们需要的世界》(*No Is Not Enough：Resisting Trump's Shock Politics and Winning the World*

We Need，2017)等书中批评了美国资本主义制度的许多特点。

曾以民主党人身份竞选总统的美国参议员伯尼·桑德斯 (Bernie Sanders)，曾在 2016 年尝试推进系列改革，包括提高工资、对富人增税、修补税收漏洞、解散大型银行、"全民医保"、降低大学成本、征收碳税以及修复基础设施和监禁。

所有这些经济改革家本质上都主张美国应该从新自由资本主义转向北欧资本主义，他们相信政府能比私营企业做得更好。此外，他们还想使资本主义制度充满活力，在经济衰退期间，不应让公民承受经济紧缩的痛苦，而是由政府来创造就业机会，给公民带来希望。

埃莉诺·罗斯福说过："有一件事我深信不疑，我们创造了自己的历史。"改革者以不同的方式帮助世界变得更美好:有些人用强有力的文字来表达"笔胜于剑"的思想，有些人通过学术研究和调查性报道，或者通过个人影响力与演讲，又或者通过社区组织来实现，而有些人拥有杰出的道德领导才能，还有些人则是通过慷慨的慈善来让世界变得更加美好。慷慨的慈善家鲍勃·布福德(Bob Buford)分享道："我们被有深远意义的人类事业联结在一起，并共同为之努力，否则我们的存在将毫无意义。"与此同时，更多公民则是在每天中积小善为大善。

企业需要公开企业目标和价值观，人们迟早会明白其价值所在。这一工作要越快越好，这样企业才能吸引更多有爱心的员工和消费者。同时，企业要认识到，富人和工人之间日益扩大的收入差距可能会让工人没有足够的购买力来购买企业生产的商品。

结　论

在这一章中，我们回顾了许多活动家和改革者以及当时的主要社会运动：环保运动；民权运动；男女同性恋、双性恋和变性者运动；妇女运动；和平运动；劳工运动；消费者运动；经济改革运动。

所有以上八个社会运动都旨在实现一个追求更美好的 5P 社会：繁荣、伙伴关系、生产力、人民和环保（Prosperity，Partnership，Productivity，People，the Planet），所有这些都促进了共同利益。

第6章 促进共同利益的关键工具

让我们摆脱那些阻碍我们变得勇敢、善良、体贴和富有想象力的事物。

——乔治斯·多里奥(Georges F. Doriot)

假设你是一名热心的公民、商人、政府工作人员或非营利组织高管，希望为更多的人创造一个更美好的世界。你对他人慷慨大方，支持许多慈善事业。

让我们进一步假设：你担心全球变暖以及日益严重的空气和水污染，你认为特朗普总统让美国退出《巴黎气候协定》的决定是错误的。作为个体，你能做些什么让美国政府采取行动应对全球变暖？

答案是"不多"。

以下是一些可能的步骤。

1. 告诉你身边的人：你对全球变暖的担忧以及可能危害，说服他们采取行动。

2. 给编辑写信、发表观点、展开研究，甚至是写一本书，通过事实和观点说服其他人采取行动。如参加演讲活动——做一次 Ted 演讲——让更多人了解你的想法。

3. 成为一个坚定的活动家，做一个言而有信的人，尽己所能拯救地球，如成立个人组织。

4. 找到正在解决这一问题的公益组织，如绿色和平组织、大自然保护协会等，进行捐款并承诺未来每年的捐款数额，以及一些志愿者工作。

很明显，如果要产生实质的影响，那将来必须与具有一定政治权力和经济实力的组织合作，个人则必须加入现有的组织并在其中工作。以下营销行动建议可供承诺型组织参考。

1. 组织必须努力筹集资金，扩大成员和志愿者规模。

2. 组织开展认真的研究来确定问题框架并提出解决问题的建议，如在减少污染方面，可以根据企业的碳足迹进行征税。

3. 组织寻找并结交平易近人的国会议员，尝试让至少两人准备一份具体的法案。

4. 组织一场媒体运动，向公众和特定群体宣传这项法案。组织在该法案进行投票时与其他国会议员接洽，以支持该法案。

5. 如果该法案在国会被否决，可以考虑采取一系列新的行动，包括抵制、静坐和抗议游行。

在行动之前对问题进行原因分析

为了聚焦某个具体的社会问题，你需要了解问题的起因及对其他问题的影响。假设你的组织旨在解决贫困问题，而仅靠提高工人工资是不够的。图 6.1 更全面地描绘了贫困的因果结构。

图 6.1 显示，贫困在一定程度上是日益加剧的收入不平等造成的，收入不平等本身就是企业追求利润最大化的结果。公司采取的行动包括使用机器人、破坏工会、游说、避税和垄断，所有这些都导致政府债务的增加和政府开支的削减，进而导致教育和医疗支出的大幅减少，使得更多人陷入贫困。

这张因果图表明，企业和政府在导致贫困方面都有不可推卸的责任，一些公司的做法不利于充分就业和维持员工基本生活。此外，由于企业和公民不断地要求减税，政府无法筹集足够的资金来提供高质量的教育和医疗保障。

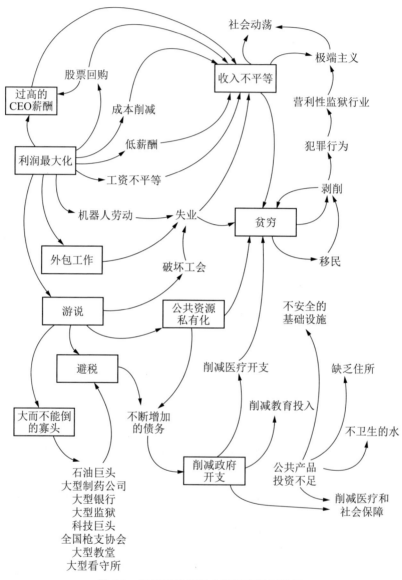

图 6.1　显示影响贫困水平因素的因果图

资料来源：Brand Activism: From Purpose to Action by Christian Sarkar and Philip Kotler.

当改革者提出减少贫困的理由时，他们需要更全面地阐述造成贫困的原因和带来的危害。贫穷会导致更多的犯罪行为、监禁甚至社会动荡。显然，国家迫切需要采取切实全面的办法来减少贫困。

促进社会行动的七大工具

任何寻求政治或社会变革的个人或团体都需要通过现有的公益组织开展工作，以下有七个可以推进共同利益的主要工具：

1. 教育与伦理；

2. 对话和辩论；

3. 社会公益营销；

4. 社交媒体营销；

5. 游说；

6. 法律诉讼；

7. 抗议行动。

教育与伦理

首先要使用的工具是教育。伟大的西塞罗（Cicero）在公元前 55 年曾提出这样的格言：教导、愉悦和感动。今天的活动家可以从大量的音频、视频和写作工具中进行选择，以教育目标受众。教育可以从幼儿园开始，一直延续到小学、高中和大学。想要保护环境的活动家可以考虑建设大量的宣传自然和保护环境的教育项目。

教育内容不仅仅是事实的陈述，而是将事实融入一个个引人入胜的故事中，以促进个人和群体间的交流。戏剧性的故事使教育变得生动并引人注目，但故事必须依照事实来讲述。声称全球气温上升 2％ 会造成损害是一回事，声称世界将在 2030 年变得炎热以至于人类灭绝是另一回事，故事必须是可信和有依据的。

在制度公信力日益下降的时代，教育者必须被视为可信任的信息来源。教育者的动机是自私的还是无私的？活动家总是利他主义的吗？理查德·道金斯（Richard Dawkins）在他的著作《自私的基因》（*The Selfish Gene*）中提出，人类生来就是自私的，而不是无私的。[39]天主教会谈论原罪，宗教的任务是克服自私行为，克服自私基因也是教育的任务。

幸运的是，许多人表现出了利他行为，他们捐钱给慈善事业，帮助有需要或有困难的人，从事亲社会行为，即使付出了一定的成本。[40]

奥古斯特·孔德（Auguste Comte）在 19 世纪中叶创造了"利他主义"这个词，当时他试图创造一个不信仰上帝的道德体系。不管是否有自私基因，父母和社会都应该教孩子做一个无私的人，人类必须学会抑制反社会倾向。

教育是最有希望促成创造更美好社会的一个策略。一个国家有机会在任何学校培养 12 岁—16 岁或更大年龄的孩子，其目的是传授知识、技能以及培养向他人学习的积极态度。然而，现实情况是，即使目标适中，真正的教育也通常无法实现。

一大原因是公共教育质量参差不齐。一个地区的学校由当地财政支持，造成了学校教师更少、书籍更少、设施更差的情况。最近，一项针对底特律学校系统的集体诉讼声称低收入地区的学生被剥夺了"识字的机会"。

> 该诉讼称，学生太多但教师很少，没有书籍和铅笔等；教室里冬天寒风刺骨，夏天热不可耐，到处都是老鼠和昆虫……在以富裕白人学生为主的学校里，这是不可想象的。

然而，联邦地区法院法官驳回了诉讼，称"获得读写能力"不是一项基本权利,而且诉讼未能表明该州存在明显的种族歧视。[41]

　　学校未能让学生很好地理解道德并培养学生关心他人的品格。如果一个国家的公民在成长的过程中缺乏勇气和同情心,那么这个国家就不会有什么成就。

　　维克森林大学(Wake Forest University)哲学家克里斯蒂安·米勒(Christian B. Miller)讲述了一个故事,一个 61 岁的购物者在塔吉特百货商店计划购买圣诞礼物,突然,一名顾客瘫倒在地板上。一名目击者报告说:"其他顾客无动于衷,他们绕着他的身体走,有的甚至踩到了他的身体! 直到后来,才有几个护士实施了 CRP。然而,为时已晚,沃尔特·万斯(Walter Vance)当晚就在医院去世了。"

　　我们会立刻认为这些人残忍无情,如果每个人都这样,就别指望世界变得更好,如果大家都如此冷漠,世界还有什么希望?

　　克里斯蒂安·米勒教授说,我们的性格"绝对是一个混合体"。[42]我们有能力做好事,也有能力做坏事,有优良品格也有恶劣品质。这些购物者显然"太忙了",没有停下来表示关心,他们有很多事情要做,要赶着回家。

　　一个国家希望它的家庭、宗教和学校能够更好地培养年轻公民的良好品格,比如需要培养诚实、同情、善良和正直的美德。同时,他们应该接触不诚实、冷酷、残忍和虚伪的道德恶习,认识到自己真正的样子,以及他们可以做些什么来变得更好。教育应该帮助年轻人弥补性格差距。

　　幸运的是,更多的学校、学院和行业将道德纳入考核,人们应多关注什么是好的行为。任何追求社会事业的团体都必须从培养伦理问题的坚定意识开始,团体成员必须相信他们所从事的事业不仅对自己,而且对整个社会都是公正有益的。

　　一个对事业充满热情的人可以用教育和道德来改变社会,以中国知名环保人士马军为例。

马军亲自拜访企业决策者，向他们展示环境污染的证据，以及讨论环保的益处。许多中国公司发现"支付污染罚款比清理污染更容易，也更便宜"。马军创立了公共与环境研究中心，从政府相关机构收集有关水、空气和有害废物的数据，然后公开这些信息。截至2013年4月，马军和他的团队已经曝光了超过12万起跨国公司和本土公司在中国的违规行为，已经使至少900家企业纠正了他们的行为。[43]

对话和辩论

对话和辩论提供了一个极好的沟通平台，既可以化解对立的个人或团体之间的矛盾，也可以更生动地向第三方解释存在的分歧。

对话是非正式的方法。两位妇女会面并赞成以文明的方式讨论堕胎问题上的分歧，但不应有观众在场，否则她们会以赢得观众的认可为目标。她们先阐述自己的观点，并对对方的观点表示理解，接着补充最初形成这个观点的时间以及影响了观点的人（如父母、宗教、同龄人、职业等）。然后双方基于对方观点展开辩论，在会议结束时，每个人都基于既有立场进行总结。通常，双方都会承认，她们看到了对方的观点是如何产生的，并学到了一些有价值的东西。

对话也可以在一张圆桌上进行，但主要不是针对持相同观点的人，而应在持不同观点的人之间展开，事先言明进行对话的规则，且最好由双方都尊重的人来主持。

当一个问题从共同价值观的角度来阐述时，对话效果是最好的。在讨论卫生政策时，双方首先要讨论的是，是否存在一种共识，即应该为所有人提供负担得起的医疗保险。在讨论公共教育时，首先要讨论的是公共教育系统是否应该为所有人提供同等的教育机会，而不论其经济地位如何。对话不是从具体的政策立场开始的，而是从双方都认同的价值观开始的，之后，他们可以就政策选择进行对话。

辩论是一种更正式的方式，邀请观点相反的人在感兴趣的听众面前发表他们的论点。在辩论开始之前，需要向辩论者和听众明确辩论规则。有些辩手会基于经验发现和推理，时常会把问题复杂化，并情绪化地解读对手的观点。令人遗憾的是，很少有进展顺利、参与度很高的正式辩论，无论是关于女性生育权、枪支管制、移民、监狱判决，还是其他问题。

辩论者可以在几个层面质疑对方的立场。保罗·格雷厄姆（Paul Graham）在他的文章《如何提出不同意见》（"How to Disagree"）中把这些层次放在了分歧等级表中。[44]

反驳中心论点：明确反驳中心论点
反驳：找到错误，并解释为什么引用是错误的
抗辩：反驳，然后阐述推理和/或用证据支持论点
矛盾：陈述相反的情况，很少或没有支持的证据
回应语气：批评陈述的语气，而不阐述论点的实质
人身攻击：攻击作者的特征或权威，而不触及论点的实质
辱骂：一些类似于"你是个白痴"的语言

在许多情况下，一方或另一方会使用辱骂、人身攻击或回应语气的方式，这削弱了辩论的严谨性。一场辩论，要想有所收获，必须在矛盾、抗辩和反驳的层面进行。

民主要生存并改善人类状况，就需要有秩序的对话和辩论。然而，我们面临太多两极分化和僵局，两极分化使得双方之间的交谈或倾听越来越不耐烦。利利安娜·梅森（Lilliana Mason）在她的《不文明协议》（Uncivil Agreement）一书中描述了一个长达数十年的"社会分类"过程。她指出，在过去，共和党和民主党都吸引了不同种族、宗教、意识形态和地区的支持者，到目前为止，每个政党都有各自的

追随者，共和党已经成为白人、福音派、保守派和农村选民的政党，而民主党则与非白人、非黑人、自由派和大都市选民有联系。在过去，如果你的政党输了，对你不会有太大影响。但如今政党选举的失败会对你的种族、宗教、地域和意识形态认同造成打击。两极分化已经到了政治上的高度。[45]

僵局是两极分化的极端结果，僵局意味着各方甚至不想见面、讨论和辩论。国会中的一方不会邀请另一方进行对话或辩论，另一方提出议案，但会被推迟或忽略，诸如堕胎、枪支管制、移民、基础设施和监狱改革等紧迫问题，进一步使公众感到失望。僵局导致的不是零和博弈，而是双方都输的负和博弈。

社会公益营销

如果一个社会公益团体吸引了足够的支持者和资金，该团体就需要计划下一步行动，目标是宣传、教育和激励其他人和组织关心公益事业，并确定可能接触的具体人员和群体。营销人员可以使用 Facebook、谷歌、Twitter、Instagram、Snapchat 和 LinkedIn 来接触目标受众，对于不同的观众，需要进行差异化营销。

人们对营销会有不同的反应。有些人会拒绝，有些人会礼貌地倾听或交流，而这很大程度上取决于他们的兴趣、价值观和时间。有些人会满足于成为社会变革的旁观者，他们会表现出对公益的兴趣；有些人会偶尔作一些贡献，运气好的话，还会有大量或持续的捐赠。令人欣慰的是，还会有一些人将他们的时间与能量以高承诺形式投入公益事业中。

营销是一门广为人知的学科，用于推广和销售产品或服务。现在，市场营销已经拓展到包括目的地、人员、想法和公益的营销。社会公益营销始于 47 年前，它已经被应用于成千上万个公益事业，包括减少吸烟和吸毒、节约用水、最大限度地减少污染、促进更多的锻炼和更好的营养、更安全的驾驶、计划生育和其他事业。[46]营销人员制作海报、小册子、照片和视频,向不同受众推介公益事业。

社会营销人员可以参考以下步骤,以寻求促成行为改变、解决社会问题的方案,参见南希·李和菲利普·科特勒的《社会营销》第五版。

(1)背景、目的和重点;

(2)情境分析;

(3)目标受众;

(4)行为目标和目的;

(5)目标受众障碍、利益、竞争和有影响力的其他人;

(6)营销定位;

(7)营销组合策略(4P);

(8)监测和评估计划;

(9)预算;

(10)实施计划和项目管理。

举个例子,有一个问题是大量闲置或废弃的电子硬件堆积如山。电子公司百思买(Best Buy)分析了这个问题,并采纳了成立收集和处理废旧电子产品渠道的建议。百思买的口号是"无论你在哪里买的,我们都会回收"。截至 2014 年,百思买商店回收了价值 9.66 亿英镑的废旧电子产品,相当于近 5 万辆自卸卡车。2013 年,百思买获得了消费电子协会(Consumer Electronics Association)颁发的首个消费者电子产品领导奖,该奖项用以表彰那些主动承担企业社会责任的消费电子产品公司。百思买不仅给消费者出售二手商品提供了便捷,也使企业受益于顾客的二次购买。[47]

如今,全球已有 2 000 多名社会营销人员接受了培训,他们正帮助组织更科学地制定提案、策略和战略,以带来积极的行为改变,进而改善人们的生活。

社交媒体营销

社会事业倡导者传统上使用演讲、写信给媒体、杂志文章和其他手段来激励目标受众采取行动。互联网和社交媒体的出现为倡导者提供了全新的交流工具。倡导者可以使用电子邮件、谷歌、Twitter、LinkedIn、Instagram、Snapchat 或 Skype 发送信息、照片和视频,也可以在 Facebook 上向特定的人或组织发送特定的信息。

年轻人使用这些数字媒体在国内和世界各地发展友谊,成年人也在快速学习这些数字工具。社会公益营销人员主要通过反复试验来了解哪些数字媒体工具效果最好,哪些工具的影响范围最大和使用频率最高。专业组织的出现,可以帮助社会公益人士和组织准备高影响力的社交媒体计划,从 2008 年奥巴马成功竞选总统开始,我们就看到了社交媒体在政治选举中的作用。虽然共和党候选人在传统广告媒体上花费了巨额资金,但奥巴马只从数百万民主党人那里筹集了小额捐款,并将这些钱用于政治营销活动。如今,大多数竞选和社会活动都主要利用社交媒体。

游说

为了使立法改革生效,公益组织通过游说达成目的。游说指的是为了影响政府官员(立法者、监管者或法官)的决定而采取的行动。"游说"一词源于"影响力贩子"(influence peddlers),他出现在立法大楼的大厅里,以吸引立法者,并代表立法委员的客户影响他们的投票。游说者大多是律师,许多是前国会议员。

游说发生在各级政府之间,包括联邦、州、市、县和地方政府。在华盛顿特区,超过 12 000 名游说者正忙于针对立法者或监管者的游说活动。

当游说活动导致民选官员偏袒游说者的利益而不是公众利益时,我们通常认为这是不好的。我们认为,游说者是在促进大公司和富裕家庭的利益,而不是普通公民的利益。

然而,我们必须认识到,也有游说者致力于促进公共事业发展,如环境保护、改善教育和医疗系统。"良性游说"是由美国医学协会提出的,目的是通过法律禁止向未成年人宣传或销售烟草。

部分游说者抱有"自私"的目的。如石油行业游说者设法为该行业获得了大量补贴和特权;农业游说者则为土地所有者获得大片农业土地实现有利立法;制药行业游说者通过排斥外国药物和推迟仿制药,使美国药价居高不下;国防工业的游说者让立法者积极投票支持更多的军事产品,甚至超过了军事将领们认为的所需数量。

竞选资金是民主制度腐败的真正根源,每位立法者在当选或连任时面临的成本越来越高,远远超出了其个人和亲朋好友的收入,竞选捐款也超出了政党的能力范围。游说者能够从他们的客户公司获得竞选捐款,但不能要求立法者投票来换取竞选捐款。然而,立法者知道潜在捐款的规模,并感谢游说者的竞选支持。立法者也知道,对某些公司投赞成票会增加他们结束国会任期后成为游说者的机会,届时可以获得其以前年薪几倍的薪酬。

游说本质上是一种营销活动。客户雇用一名来处理特定问题的说客,他们一起确定关键的目标立法者及其投票倾向和敏感性,所有这些都是为了制定正确的信息、沟通和说服策略。成功的游说需要娴熟的说服技巧,与管理咨询和公共关系等活动有很多共同之处。游说者希望与各种立法者建立密切和信任的关系,并向他们提供有用的信息。游说者绝不能犯向立法者提供不诚实信息的错误,因为这会激怒立法者,导致立法者永远不会再与游说者打交道。尽管事实通常是正确的,但游说者通常会将其置于有利于以某种方式投票的背景下。

游说活动是合法的,法院将其解释为言论自由并受美国宪法保护,因为组织需要利用和改进游说活动,以说服国会议员通过有益于共同利益的立法。

法律诉讼

改变行为的一个直接透明的方法是通过法律或法规来要求或禁止某些行为,这需要找到一个愿意单独或与其他立法者合作起草法案的立法者,并寻求其他愿意投票通过该法案的立法者。每一项法案都会有反对者,或者至少是那些希望在投票表决前做出一些修改的人。立法和投票的过程可能需要很长时间,而且会因许多企图扼杀或拖延立法的计谋而受挫。如果多数党控制了充足的选票,那可以很快通过一项法案,否则就需要从少数党中招募足够的议员。如果两党陷入僵局和两极分化,该法案很可能毫无进展。

抗议行动

当公益组织陷入僵局时,最后的办法就是采用抗议行动。20 世纪 50 年代,可敬的马丁·路德·金和全国有色人种协进会在南方为民权而战。然而国会内部分歧太大,无法通过相关的立法。金认为除了发起抗议行动,别无选择,其中一个决定是号召民权追随者参加从亚拉巴马州塞尔玛到蒙哥马利州议会大厦的 40 英里游行,由此可见,游行是一种吸引公众注意力的抗议方式。

在塞尔玛,抗议领袖可能会强烈要求非裔美国公民和其他追随者抵制某些企业、报纸或政府办公室,旨在损害一个或多个阻碍进步或解决问题的组织收入或形象。抗议领袖也可能鼓励追随者在通常不被允许的地方静坐,因为南方的餐馆实行种族隔离,非裔美国人不允许进入白人餐馆,而勇敢的非裔美国人敢于进入并坐在里面,让店主决定其去留。非裔美国人可以挤进一家餐馆或一个政府机构,接管、封锁进而控制它。

马丁·路德·金担心一些极端的白人公民会抵制变革,与暴力、三K党乃至私刑等相对抗。这就引出了一个问题:抗议者应该如何处理暴力?他们应该以暴制暴吗?

圣雄甘地受列夫·托尔斯泰非暴力哲学的启发,激发了马丁·路德·金。金教育他的追随者以非暴力方式面对暴力,因为他知道许多人会因此受到伤害,在每次战斗前,他都鼓励追随者勇往直前,因为他知道抗议运动最终会实现公平的民权。

多年后,社会组织者索尔·D.阿林斯基提出了帮助公益组织改变某些群体或组织行为的方法,并在《激进派的规则:现实主义激进派的实用入门》一书中写下了详细的方法。

在某个案例中,一个公益组织通过联合抵制联邦爱迪生公司(Commonwealth Edison Company)以求其能善待美国黑人。然而,联邦爱迪生公司却不太可能受到抵制的伤害,因为所有芝加哥人都需要这家公司的电力,但联邦爱迪生公司可能会回应来自其所尊重的其他公司的压力。索尔·D.阿林斯基告诉他的追随者:"革命者并未炫耀激进主义,与此相反,他们剪了头发,穿上西装,从内部渗透进系统。"同时建议抗议者在第一国民银行开立一个银行账户并在第二天关闭它。

很快,许多银行账户的开立和快速关闭使第一国民银行感到困惑,第一国民银行的首席执行官得知这是索尔·D.阿林斯基组织的。"我们之间没什么过节,为什么要故意刁难?"这位CEO问。索尔·

D.阿林斯基说，抗议者为争取个人权利斗争的不是这家银行，而是它的租户——联邦爱迪生公司。"我们团队觉得即使联邦爱迪生不听我们的，他们也会听你们的。我们要求你们向他们施压，迫使他们改变政策，这样我们就可以不再纠缠你们。"这种颠覆性的抗议方式奏效了，联邦爱迪生公司最终让步了。

使用文明用语、分歧、异议和不服从

一个受侵害的群体会如何处理自己的处境呢？群体的成员可以是文明的，也可以是野蛮的，他们可以用语言、符号和音乐向公众表达对不公正观点的反对。然而，分歧不太可能带来任何结构性变革，对尊重和文明的呼吁经常被用来压制异议，持不同意见比意见分歧更有意义。异议者要求进行结构性变革，就像在民权运动中反对权力结构那样。

异议和不服从的界限在哪里？持不同意见的权利是否包括诉诸暴力？圣雄甘地和马丁·路德·金都在他们的运动中排除了暴力。

异议一直是美国历史的核心。17 世纪，清教徒离开英国，以抗议英格兰教会向天主教的转变。在 18 世纪，美国人抗议英国税收，并选择为美国独立而战。19 世纪，社会运动要求废除奴隶制，承认妇女权利和工人权利。在 1849 年，梭罗在他《公民不服从》（"Civil Disobedience"）一文中指出，人们制定法律，并应有权对不公正的法律提出异议，且不服从。在 20 世纪，异议者在争取民权和同性恋权利方面取得了成功。

异议也不仅限于进步运动，另类右翼和三 K 党组织了抗议现状的异议运动。美国的异议历史显著影响其他国家的异议者。1968年，欧洲爆发了布拉格之春（the Prague Spring）、巴黎起义（Paris uprisings)和柏林学生抗议活动(Berlin student protests)。2012 年 11 月 22 日,埃及出现了异议,在穆尔西政府宣布了一项临时宪法声明,授予穆尔西无限的权力后,数百万抗议者走上街头进行反对。

自 2008—2011 年的大衰退以来,越来越多公民对国家管理者有异议,因为许多公民和公司发现他们持有垃圾债券和衍生品,许多中产阶层和低收入公民失去了住所和储蓄。经济复苏最终令人松了一口气,但这不是解决方案。在表象下,处于社会底层的群体认为他们的生活被一个不知民间疾苦的精英群体操纵。

民主党和希拉里·克林顿不得不与参议员伯尼·桑德斯领导的日益壮大的左翼团体进行斗争,后者希望尽快采取行动并集中解决十几个问题。这些进步人士认为,民主党就像共和党一样,被掌握在不允许改革的金钱利益集团手中。而共和党则正被不断壮大的茶党(草根运动)取代,茶党成员对许多问题感到不满,包括低工资、工作岗位流失、枪支缺乏管控、女权主义和女性生育权的兴起。

2016 年的选举清晰表明,左翼不会接管民主党,共和党领导人将屈服于一个名叫唐纳德·特朗普的外来商人,他将赢得并接管该党。特朗普因热衷于攻击媒体的"假新闻"而发迹,他攻击环境保护主义者限制污染的主张,同时攻击夺走美国就业机会的非法移民,攻击公司出国寻求廉价劳动力的行为,还攻击加拿大、墨西哥和欧洲的最佳盟友。特朗普几乎每天都在发布新的推文,这些推文激怒了大部分美国人,但却引起了 40％的热情民众的共鸣,他们觉得自己已经被资本主义经济遗忘了。

特朗普的总统任期导致两党以示威和抗议为形式的异议暴增。黑人激进分子对警察枪杀手无寸铁的黑人表示不满;学生和教育工作者对精神不稳定的杀手的校园枪击事件表示异议;在堕胎问题上,双方的反对者都表示异议。异议来自公民民主党人,他们认为这违反了国会规范。例如共和党多数派拒绝允许奥巴马提名梅里克·加兰(Merrick Garland)为最高法院大法官候选人，对这一事件持不同意见的既有来自美国民权同盟和 MoveOn. org 等老组织，也有♯KnockEveryDoor和千禧一代等新组织。其中包括一个名为"不可分割"(Indivisible)的快速增长的组织，其至今已发展到了 5 800 个分会，以对抗茶党组织。[48]

反对总统是爱国行为吗？ 西奥多·罗斯福说："是的!"他批评伍德罗·威尔逊总统在第一次世界大战中的行为。罗斯福说：

> 民众对总统的支持或反对程度，完全取决于他在任期内的行为，取决于他能否忠诚、有能力且无私地为整个国家高效服务。不论出于何目的，禁止评论总统不仅是不爱国和奴性的表现，而且在道德上背叛了美国公众。

在赢得两党信任并能够定义共同利益的新总统当选之前，持不同意见的人可能会占多数。

结　论

一个活动组织在面对强大而资金充足的反对势力时不应该感到无助，如果成员认为必须保护气候，或者修复卫生系统，或者修缮美国基础设施，那么就可以采取行动。公益组织可以通过宣传、教育、对话、辩论和抗议等工具来推动公益事业发展。它还可以为追随者准备一个详细的社会营销计划，并向国会议员游说其计划，如果这些都不起作用，它可以发起抗议行动，包括抵制、静坐、封锁，并找无辜的第三方组织的麻烦，来对目标组织施加压力。

第二部分

第7章 企业能做些什么来促进共同利益?

像我们这样的公司无法在不景气的经济环境或恶劣的自然环境中成功,也不可能在教育系统不完善的情况下有效运转,我们必须为所有这些事情负责。

——马克·贝尼奥夫(Marc Benioff),Salesforce 首席执行官

相较于政府或非营利部门,企业可以在许多层面成为改善社会的主要引擎。企业掌握着主要的财务资源,生产社会中的主要商品和服务。只有在一个健康且富有生产力的社会中,企业才能实现利益最大化,而贫困和分裂的社会则会给企业带来巨大损失。苹果首席执行官蒂姆·库克(Tim Cook)表示,当政府未能兑现承诺,商业和社会其他领域就需要"加快步伐"。所有企业都受益于运转良好的经济、基础设施和训练有素、积极主动的工人。

过去企业认为他们的使命是提供高质量的产品和服务,并以合理的价格出售,这并不是件容易的事。企业需要持续关注竞争对手并以适当的方式应对,还要以最低的成本实现高质量的供应,同时雇用训练有素、积极进取的员工和管理人员等。这些都是企业需要时刻注意的。

企业知道他们的成功不仅仅取决于自己的努力。他们需要道路、桥梁和港口等基础设施处于良好的工作状态,需要稳定的电力和燃料供应,需要可靠的通信和运输系统,需要一个由警察、消防员和军队维持的和谐的社会秩序。总之,商业的成功取决于政府的工作成果。

　　企业需要完成的不仅仅是销售工作，还需要培养忠诚、黏性高的客户，他们会持续购买自己的品牌。只有当企业兑现与竞争对手不同的承诺时，顾客才愿意当回头客，甚至他们还会自发为商品宣传，告诉其他人企业的特色。随着 Facebook 和其他点对点交流平台的普及，这些忠诚顾客会成为公司品牌的拥护者和广告客户。一个成功的公司从建立和管理粉丝开始。

　　打造粉丝的关键商业工具之一是优质的服务。许多公司最初忽视了这一点，但它现在已经越来越受人瞩目。仅有好的产品是不够的，也需要有好的服务。如汽车公司不仅仅需要制造一辆好汽车，还必须对驾驶员进行良好的培训，使他们了解新型无人驾驶汽车。同时，其生产的汽车在日常使用中不需要精心呵护，但有售后服务的需要时，公司必须能快速、可靠地提供。

　　最近，越来越多的公司意识到需要考虑他们的愿景和使命！大多数公司把目标定义为制造好产品。但是，公司的更高目标是什么？主要是为了赚钱吗？还是为了扩大其工作的卓越程度、重要性和影响力呢？农民应该说他们种植玉米是为了获利，还是说他们的使命是养活世界上的饥饿人口？汽车公司的目标是制造更快的汽车，还是说它的使命是制造更安全的交通工具？

　　有使命感的企业可以提高客户对公司的尊重。宝洁可以说其口腔产品的目的是清洁牙齿，也可以说其使命是让消费者的牙齿和牙龈更健康。同样的，宝洁可以说，汰渍的目的是清洁衣物，但其使命是提供一个更清洁、无菌的世界。

　　目前，公司发展的最新阶段是履行社会责任。公司应该关心或同情社会问题吗？公司是否会因空气污染和水污染的加剧而受损？越来越多人的收入几乎无法帮助他们购买食物和支付房租，维持基本生活，这是否会对公司利益造成损害？越来越多缺乏读写技能的高中毕业生是否对公司经营造成了影响？越来越多的大学毕业生负债累累，这是否影响了公司的销售业绩？这些问题是否足够引起公司的重视，公司是否愿意通过行动或慈善事业来承担社会责任并解决这些问题？

如今，越来越多的公司准备作出旨在改善人民生活和地球生态健康的社会承诺。声誉研究所的首席研究官斯蒂芬·哈恩–格里菲斯(Stephen Hahn-Griffiths)说："在华尔街，仅仅拥有高质量的产品和业绩是不够的。除了出售产品的经济效益外，衡量企业成果标准还包括社会行动主义，与社区结盟，以及为世界更加美好所做的行动。"斯蒂芬阐述道："如果你看看 2017 年的前十名的公司，如乐高、谷歌、索尼、劳力士、迪士尼等，它们都坚持诚信经营，这代表着对世界各地的人来说至关重要的东西，比如多样性、包容性、环境可持续性和教育。这些公司已经把问题和公益联系在一起，进一步增强了声誉，因为人们认可他们的所作所为。"[49]

南希·李和我一同撰写了《企业的社会责任》(2005)。我们采访了 45 家发展态势良好的成熟企业，每家企业都想在某些领域有所作为。例如，雅芳向女性销售产品，但雅芳不仅仅局限于此，它还选择筹集资金来支持医学研究项目，以改善影响大量女性健康的乳腺癌治疗。有的公司则选择了其他的事业，比如改善环境、帮助穷人脱贫等。这些公司行为传递出的信息是：一家公司不仅应该比它的竞争对手做得更好，而且还应该在人们的生活中"有所作为"。

公司的首要责任是获得盈利并回报投资者、员工和其他利益相关者。那么一家公司能在盈利的同时把部分利润用于改善社会吗？答案是肯定的。下面是一些例子。

- Ben & Jerry's(仅次于哈根达斯的美国第二大冰淇淋制造商)。这家著名的冰淇淋公司的创始人将利润的 10％ 捐给公司所在地佛蒙特州的公益事业和有需要的人。

- 美体小铺。1976 年，美体小铺由安妮塔·罗迪克（Anita Roddick）创办，其主要业务是生产有效的护肤品。安妮塔·罗迪克要求她的公司和员工必须拥有社会责任感，关心社会和环境问题，如关心无家可归者、支持拯救鲸鱼运动和抵制壳牌石油等。

- 联合利华。联合利华前首席执行官保罗·波尔曼（Paul Polman）表示："我们的雄心是将业务成交量翻一番，与此同时，还要减少对环境的影响……这就要求企业具有更高的社会责任感。"

- 汤姆斯。汤姆斯是美国著名的休闲服鞋品牌，并作出消费者每购买一双鞋，汤姆斯鞋店就向贫穷国家的穷人免费赠送一双鞋的承诺，汤姆斯想让世界变得更美好。其他公司也采用了这种做法，如眼镜制造商 Warby Parker 实行了"买一副，送一副"计划，以帮助视力受损的穷人。

- Salesforce。Salesforce 是创建于 1999 年 3 月的一家客户关系管理（CRM）软件服务提供商，其首席执行官马克·贝尼奥夫（Marc Benioff）发现，他的家乡旧金山出现了越来越多的无家可归者，他们睡在车里或露宿街头，缺乏食物和厕所设施，需要心理帮助。他认为旧金山需要更多的住房和紧急避难所。作为一名有社会责任感的 CEO，他和他的公司支持 C 提案，该提案将对旧金山最大的公司加征 0.5％ 的税。如果该法案通过，将使该市用于帮助无家可归者的预算翻倍。这将有助于阻止游客和新公司的流失。尽管这项税收将沉重地压在 Salesforce 身上，但马克认为，帮助无家可归者符合每个企业的利益。[50]

- 赛百味。赛百味与美国心脏协会建立了长期的合作伙伴关系来对抗肥胖。赛百味赞助了许多活动,包括"开始! 在工作中行走"(Start! Walking at Work),"心灵跳绳"(Jump Rope for Heart)和"美国心脏行走"(the American Heart Walks)。它提供更有助于减肥的健康快餐,还向儿童推广水果和蔬菜。2014 年 1 月,赛百味向当时的第一夫人米歇尔·奥巴马承诺,公司将通过新的营销活动和额外的餐厅服务,为孩子们提供更健康的选择。[51]

- 李维斯:关爱地球标签。李维斯公司将可持续发展融入其所做的每一件事,比如"关爱我们的星球"倡议。2010 年,李维斯开始与消费者进行长期对话,讨论他们可以做些什么来节约水和能源,并为社区作出贡献。李维斯牛仔裤和 Dockers 卡其裤上的每一个标签都写着鼓励人们通过少洗、用冷水洗、用晾衣绳晾晒和在不再需要时将衣物捐赠给慈善机构来保护环境。2011 年秋,李维斯发起了一项新的消费者活动,名为"肮脏是新的清洁"(Dirty Is the new Clean),要求消费者通过少洗牛仔裤来重新思考自己的洗涤习惯,并在推特上发布自己在洗涤前穿裤子的次数。[52]

- 减少酒驾造成的死亡。迈克尔·罗思柴尔德(Michael Roths-child)教授研究了威斯康星州农村地区如何减少酒驾事故致人死亡的社会问题。他发现最可能酒后驾车并发生交通事故的大多是 21—34 岁的单身男性。他想出了一个解决方案,以较低的"出租车"费用,让司机开车送他去酒吧,然后在酒局结束后再送他回家。该项目在威斯康星州农村的 32 个社区实行,已经提供了超过 97 000 次乘车服务,有较高的投资回报率(ROI):
  1. 分配的资源:870 000 美元(2000—2007 年);

2. 行为改变:避免了 140 起与饮酒相关的车祸;

3. 每次行为改变的成本:870 000÷140＝6 214(美元);

4. 每次行为改变的收益:每一次与饮酒相关的事故带来 231 000 美元的公共成本;

5. 投资回报率:

总经济效益:140×231 000＝32 340 000(美元)

净经济效益:32 340 000－870 000(活动成本)＝31 470 000(美元)

投资回报率:31 470 000÷870 000＝36.2×100％＝3 620％

以上例子表明,如果条件允许,社会营销人员应该致力于从财务角度评估共同利益。

在这里,我们将再讲述一个故事,是关于沃尔玛最终是如何决定在枪支和同性恋权利上表明立场的。2018 年 2 月 14 日,佛罗里达州帕克兰市发生了致命的校园枪击案,导致美国最大的枪支销售商沃尔玛召开了一次高管会议,讨论应该如何销售枪支。[53]特朗普总统在推特上回应,支持将购买枪支的最低年龄提高到 21 岁。一周后,沃尔玛和迪克超市都把购买枪支的最低年龄提高到 21 岁。此外,迪克超市表示将停止销售攻击式武器和大容量弹匣(沃尔玛早在三年前就停止销售包括 AR-15 在内的现代运动步枪和大容量弹匣)。

沃尔玛 51 岁的首席执行官董明伦(Doug McMillon)勇敢地采取了稍微开明的立场,尽管沃尔玛的总部位于支持共和党的阿肯色州。他认识到,由于多种原因,沃尔玛的声誉低于竞争对手亚马逊和塔吉特。沃尔玛委托进行的一项调查发现,85％的沃尔玛购物者希望沃尔玛“明确其代表的价值观”。董明伦说,一些公开声明很容易发表,比如支持环境可持续发展和为退伍军人提供帮助。但对于公司来说,在其他公开问题上表明立场就比较困难了,比如是否应该移除 1908 年在本顿维尔总部附近的 20 英尺高的南方联邦雕像,或者沃尔玛应该如何看待非法移民被警方围捕等问题。沃尔玛逐渐意识到,它不能再对大多数人关注的社会问题保持沉默了。

最近,越来越多的首席执行官开始表明立场。特朗普领导的美国制造业委员会的几位首席执行官辞职,因为特朗普总统没有反对在弗吉尼亚州夏洛茨维尔市的白人民族主义集会上表现出来的偏见和白人至上主义。除此之外,几家航空公司挺身而出,坚持不运送与父母失散的难民儿童。

1999 年,演员兼慈善家保罗·纽曼(Paul Newman)和其他商界领袖会面,希望通过商业创造一个更美好的世界。他们创建了一个名为"首席执行官向善之力"(CECP)的组织。成员公司认为,一个公司的社会战略决定了公司的成败,包括如何与包括员工、社区、投资者和客户在内的关键利益相关者合作。该运动涵盖 200 多家世界上最大的公司。CECP 通过提供定制化的联系和网络、咨询和支持、基准和趋势以及意识建设和认可,帮助企业转变其社交战略。联合主席比尔·麦克纳布(Bill McNabb)表示:"长期以来,企业为了获得短期成果而牺牲了长期价值创造,这削弱了战略投资者寻求可持续发展的能力。"许多成功的公司仍在创造辉煌,如苹果、沃尔玛、联邦快递、美国西南航空公司、Intuit 和 Salesforce 等,因为他们把资源投在了长期战略、客户黏性和创新意愿上。

总而言之,企业不仅拥有修复资本主义缺点的资源,而且还可以填补"资本主义的道德空白"。在这一过程中,企业业绩很可能会得到改善。

美国资本主义的现状

温斯顿·丘吉尔对民主做了如下评论:"民主制度存在很多不完

善的地方，但是我们尝试过的其他制度更糟糕。"

我确信同样的辩护也适用于资本主义，资本主义有其缺点，但其他制度都更糟。资本主义确实存在一系列的缺陷，我在《直面资本主义：困境与出路》中描述并讨论了 14 个主要缺点。许多批评家抱怨说，资本主义是建立在唯利是图、贪婪和金融利己主义的基础上的，这三种力量最有可能伤害"社会"。以下是其中的九个缺点：

1. 对贫困问题只提出了一个缺乏成效的解决方案。

2. 未能向企业收取其活动的社会成本。

3. 在没有工会和集体谈判的情况下，管理层可以剥削工人。

4. 在缺乏监管的情况下，公司可以开采自然资源。

5. 公民被视为主要的消费者，他们经常被说服进行过度或超前消费。

6. 贫富差距巨大，并仍持续扩大。

7. 强调个人主义胜于集体利益。

8. 鼓励贪婪＋财富创造＋物质主义。

9. 经历商业周期和周期性的经济不稳定。

具有讽刺意味的是，资本主义从冷战时期兴起，成为世界上大多数国家经济的运行原则。如今人们普遍认为，当资本主义运作良好时，它会带来更高的生产力和生活水平。

然而，寻找更好的资本主义形式的动力依然存在。一些美国人正在远离当前的美国资本主义形式，他们声称这是一个被操纵的系统，完全是为了将财富从底层的 90％转移到顶层的 10％，这不是资本主义应该做的。如果资本主义不帮助工人阶级，并摧毁了中产阶级，它就难以有效运转，资本主义需要一个有活力的中产阶级充当中坚力量。

向左翼靠拢的批评家们想要"社会民主"。这是一条中间道路，私有财产得到尊重,企业可以在公认的社会规范和法规框架内追求利润。政府将经营涉及公共利益的几个基础行业,如国防、电力、公共基础设施、废物管理、教育、医疗保健,并将对私人收入征税,以筹集资金提供几乎"免费"的教育和医疗,这也是大多数公民最关心的两个问题。北欧国家的现状表明,负责任的政府和民主是可以协调平衡的,这些国家很好地避免了陷入独裁或暴政,即批评者所担心的社会民主"滑坡"。显而易见,社会民主国家的人民比生活在不受管制的市场经济国家的人民更幸福、更满足。

自觉资本主义运动

　　一群学者和商业人士发起了一场改善资本主义的运动,他们称之为"自觉资本主义运动"。当我第一次听到这个术语时,我想知道它是否暗示正常的资本主义是"无意识的",这意味着什么? 他们为什么不把新运动称为"负责任的资本主义"或"改革资本主义"呢?

　　这场运动是谁发起的,原则是什么? 该运动的学术联合创始人是拉金德拉·西索迪亚(Raj Sisodia),现在是巴布森学院(Babson College)的全球商业教授。主要的商业联合创始人是约翰·麦基(John Mackey),他创建了全食超市。其他支持这一运动的企业有美国西南航空公司、开市客、谷歌、巴塔哥尼亚、集装箱商店(The Container Store)、联合包裹运送服务公司、Joie de Vivre 酒店等数十家公司。以上所有企业都非常成功,践行了一种开明的资本主义形式。他们并不假装自己是"社会或 B 类企业",而是为了更高的利润和社会目的,但这种利润是通过对社会负责的方式获得的。他们的思想在约翰·麦基和拉金德拉·西索迪亚所著的《自觉资本主义:解放商业的英雄精神》(Conscious Capitalism:Liberating the Heroic Spirit of Business)一书中得到了体现。[54]

根据麦基和西索迪亚的理论,自觉资本主义基于四个原则。

1. 更远大的目标。如果公司的存在不仅仅是为了盈利,更是为了激励所有者、员工、中介和客户,那么它就会更成功。管理层的任务是寻找并采纳鼓舞人心的更高目标,这对公司的利益相关者来说意义重大。如一家农业公司说它的目标是帮助消除世界的饥荒,或者一家食品生产商说它的目的是提高食品的营养价值。

2. 利益相关者整合。当公司在作出贡献的利益相关者之间建立起强大的团队意识时,公司会更加成功。包括客户、员工、分销商、供应商、社区在内的利益相关者都致力于达成更高的目标,并因他们个人对公司成功作出的贡献而得到公平奖励。他们共同努力,寻找改善所有利益相关者绩效的方法。投资者不再将生态系统中的其他参与者视作一味为了投资者的利益而开发的"资源"。利益相关者的整合应该会提高客户、员工、分销商、供应商和其他利益相关者的满意度,并且应该挑战那些只关注社会责任底线就能优化利润的旧教条。

3. 自觉领导。必须让那些以服务所有利益相关者和为他们创造价值为主要动机的领导者经营公司。领导者对冲突和权衡很敏感,但他们会努力达成更高共识的解决方案,最终使所有利益相关者受益。

4. 自觉的文化和管理。公司应建立在一套鼓励创新、协作和赋予参与者权能的价值观之上。价值观包括信任、责任、透明、正直、平等、爱和关怀。

自觉资本主义运动及其原则是否会再次影响越来越多的商业领袖和公司的思维,现在下结论还为时过早。如果那些践行自觉资本主义的公司在盈利能力和利益相关者积极性方面继续超过竞争对手,其他公司也将追求更高的公司目标。在自觉资本主义运动成立十年后,现已在 38 个美国城市和 15 个其他国家建立了分会。我有幸在他们的一次大型年会上发言,主题是《营销 3.0 如何适应自觉资本主义》。会后,我对自觉资本主义充满希望,我认为它将有助于改善资本主义。

企业社会责任正处于成长阶段

在很长一段时间里,大多数公司很少考虑向社区捐款。公司的受委托人的目标是为股东实现利润最大化,并让股东自行决定赠予事宜。幸运的是,如今越来越多的公司已经承担起一些社会责任。企业社会责任是指通过自主经营和企业捐赠以改善社区福祉。捐赠的形式包括现金捐赠、推广赞助、技术支持、实物捐赠、员工志愿者和分销渠道等。

公司支持的公益事业包括对促进社区健康(例如,乳腺癌的早期检测、及时免疫接种、预防艾滋病)、安全(预防犯罪、使用汽车安全约束装置)、教育(扫盲、计算机学习、特殊需求教育)、就业(职业培训、规范招聘)、环境(回收、消除有害化学品、减少包装)、社区和经济发展(低息住房贷款、指导企业家)以及帮助贫困者(饥饿、无家可归者)。

现在的趋势越发明显,即企业捐赠不再仅仅被视为一种义务,还被视为一种战略,以改善企业在客户和其他利益相关者心中的品牌形象,提高社区生活质量。这些行动让员工、客户、股东和董事会成员感觉良好,这有助于提高品牌销售和利润。

如今,大多数行业的特点是相似的产品供过于求。公司需要通过建立独特的品牌,明确自己的价值和价值观来脱颖而出。它们的与众不同之处需要落在更创新、更友好、更可靠等其他方面。

一家公司需要通过其行动和承诺来表明它非常关心地球的健康。这将吸引想在环保公司购买产品的绿色顾客。以下是一些例子：

- 爱立信。瑞典公司爱立信于 2015 年 4 月 14 日发布第 22 份年度可持续发展和企业责任报告。"爱立信的目标是在管理环境、社会和道德风险的同时，为其利益相关者和业务创造积极影响。"
- 阿迪达斯。阿迪达斯发布 2014 年可持续发展进度报告，强调了它在人员、产品、环保和合作伙伴关系方面所做的工作。
- G4S。大型安全公司 G4S 实施了一个综合的企业社会责任的报告框架，涵盖商业道德以及反贿赂和腐败，健康和安全，人权共三部分内容。

通过总结，我们可以发现以上所有公司都是由以下因素驱动的：利润、人民、环保、繁荣和目标（profit，people，planet，prosperity，purpose，5P）。

营销 3.0：基于价值的矩阵

市场营销 3.0 是一个阶段，在市场营销中，企业不仅要吸引顾客的思想和心智，也要引起他们的共鸣。顾客会自行区分"好"公司和"不重要"公司，尤其是"坏"公司。好的公司会变得更强大，而坏的公司会因疏忽或声誉危机而破产。优秀的企业不仅要承担经济责任，还要承担社会责任，这样才能吸引顾客和潜在客户。

表 7.1　基于价值的矩阵（VBM）模型

	思想	心智	共鸣
使命（为什么）	交付满意度	实现愿望	学会共情
愿景（是什么）	收益能力	回报能力	维持能力
价值观（怎么做）	变得更好	差异化	做出改变

大多数公司开始于营销 1.0 阶段(见表 7.1)。他们制造出好的产品,并进行差异化营销。该公司以后可能会进入营销 2.0 阶段,从差异化营销转向吸引客户的心智。公司希望从精神和情感上让他们的客户受益。此时,该公司尚未进入营销 3.0 阶段,因为营销 3.0 阶段发生在公司立志要做一番远大事业时。而以上这些都清晰地展现在价值矩阵中,该矩阵阐明了公司处在不同营销阶段时,使命、愿景和价值观方面的不同:"思想"描述的是公司营销 1.0 的视角,"心智"描述的是公司营销 2.0 的视角,"共鸣"描述的是公司营销 3.0 的视角。

是什么让一家公司受欢迎?

采取营销 3.0 的视角,满足客户思想、心智和共鸣的公司很可能是赢家。客户发现这些公司很受欢迎。拉金德拉·西索迪亚、贾格迪什·谢思(Jagdish N. Sheth)和戴维·沃尔夫(David Wolfe)验证了这一假设,他们在《受人喜爱的公司:世界级公司如何从激情和目标中获利》(*Firms of Endearment: How World-Class Companies Profit from Passion and Purpose*)[55]一书中发表了他们的发现。他们询问了一些美国人喜欢哪些公司,如果这些公司倒闭了,是否会怀念他们。根据调查结果,总结出以下公司在美国最受欢迎。

亚马逊、苹果、百思买、宝马、CarMax、卡特彼勒(Caterpillar)、康美银行(Commerce Bank)、集装箱商店、开市客、易趣(eBay)、谷歌、哈雷戴维森(Harley-Davidson)、本田、宜家、捷蓝(JetBlue)、强生、Jordan's Furniture、宾恩(L.L. Bean)、New Balance、巴塔哥尼亚、前进保险、安伊艾(REI,美国户外用品连锁组织)、美国西南航空、星巴克、添柏岚、丰田、乔氏超市连锁店(Trader Joe's)、联合包裹运送服务公司、韦格曼斯超市(Wegmans)、全食超市。

调查人员收集了这些公司的销售和利润数据，探究受欢迎的公司表现是否优于一般公司？答案是肯定的。这些"受欢迎的公司"利润丰厚。在过去十年，他们的业绩表现是市场平均水平的九倍。他们都有满意度更高的员工，更快乐和忠诚的客户，更具创新和盈利能力的供应商，以及环境优美的社区。

这些公司的成功是否得益于类似的管理实践？答案也是肯定的。以下是这些公司的做法。

1. 它们使所有利益相关者群体的利益保持一致。

2. 它们的高管薪酬相对适中。

3. 它们实行办公室门户开放政策以便员工接触高层管理人员。

4. 它们的员工薪酬和福利很高，培训时间更长，流动率更低。

5. 它们雇用对顾客充满热情的人。

6. 它们将供应商视为真正的合作伙伴，共同提高生产率和质量，降低成本。

7. 它们相信企业文化是其最大的资产，也是其竞争优势的主要来源。

8. 它们的营销成本比同行低得多，而客户满意度和保留率却高得多。

这些管理实践都值得广泛讨论，这将是企业自我核查的良好机会，如果你的公司采纳了这些做法，你就在成为一家受欢迎的美国公司的路上了。

B 公司的出现

最近，一些政府通过了立法，承认 B 公司（也称为福利公司，共益企业）。这些公司努力创造公共利益，目标是对社会和环境产生积极

影响。它们将最大化正外部性(如在石漠化地区植树),并将最小化
负外部性(如未能清理它们做生意的地方)。

B 公司力求在社会和环境绩效、公共透明度和法律责任方面以
最高标准行事。它们渴望利用市场的力量来解决社会和环境问题。

这些公司需要共益实验室(B Lab)的认证,B Lab 是一个全球性
的非营利组织,在各大洲都有办事处。这些公司是为了赚取和分配
利润以及进行社会公益而成立的。但要强调的是,B 公司的创始人
不是为了利润最大化,而是为了创造积极的社会价值。

共益企业包括巴塔哥尼亚、AltSchool、Turnstile Tours、美国监
狱数据系统、Gilded Rogue、Evox Television 和 Urbane & Gallant。
这里有两个具体的例子。

- Echale a tu Casa 是一家总部位于墨西哥城的公司,致力于解
  决发展中国家住房不足的问题。它帮助贫困家庭建造自己的
  房子,并资助购买材料。它以可持续的原则指导建筑建设,并
  在建筑、技术和金融方面不断创新。它支付给本公司工人的
  工资比最低工资高 355%,并为他们提供免费或补贴性住房。
- 南山公司(South Mountain Company)位于马萨诸塞州的蒂斯
  伯里市,是一家员工所有的公司,并致力于开发住宅和商业建
  筑。它设计和安装太阳能和风能系统,提高能源效率,其目标
  是建设高质量的经济适用房。该公司支付了 100%的个人/家
  庭健康保险费,从当地供应商那里购买大部分材料,并将利润
  的 10%捐赠给慈善机构。

理查德·布兰森爵士(Sir Richard Branson)和约亨·蔡茨
(Jochen Zeitz)进一步阐述了 B 公司的概念。2013 年,他们从全球邀
请了一批来自商界、民间和政府的领袖,以创造一种更好的商业模
式,将人民和地球的福祉放在首位。[56]受邀者包括保罗·波尔曼(联

合利华）、拉丹·塔塔（Ratan Tata，塔塔公司）、奥利弗·贝特（Olive Bäte，安联集团）、马克·贝尼奥夫（Marc Benioff，Salesforce）、安德鲁·利夫里斯（Andrew Liveris，陶氏化学）、凯西·卡尔文（Kathy Calvin，联合国基金会）、阿德里亚娜·赫芬顿（Adriana Huffington，兴旺全球）、穆罕默德·尤努斯（Muhammad Yunus，尤努斯中心）等。如今，共益团队希望能继续扩大其影响力并扩充成员，以带来一种新的对人民和地球有益的盈利方式。

捐赠誓言

值得一提的是比尔·盖茨和沃伦·巴菲特在 2018 年发起的"捐赠誓言"运动，这是一项鼓励富人将大部分财富贡献给慈善事业的运动。到 2018 年，该誓言已有来自 22 个不同国家的 184 位个人或夫妇签署。大多数认捐者都是亿万富翁，他们的认捐总额超过 3 650 亿美元。捐赠誓言实际上并没有规定这些钱会以任何特定的方式或用于任何特定的慈善或事业。人们的预期是，无论是在生前还是死后，签名者都会将至少一半的净资产捐给慈善事业。这是一种道德承诺，而不是法律契约。在"捐赠誓言"的网站上，每个人或夫妇都会写一封信解释捐赠的决定。

"捐赠誓言"是一项有价值的事业，它让那些在商业领域已经取得非凡成就的人投身于共同利益，并彰显了他们对社会和地球的关心。

公司的"正义资本"清单

2013 年，一群来自商界、金融界和民间的相关人士——包括保罗·都铎·琼斯二世(Paul Tudor Jones II)、迪帕克·乔普拉(Deepak Chopra)和阿德里亚娜·赫芬顿——决定成立"正义资本"(Just Capital),这是一家非营利的 501(c)(3)号注册慈善机构。"正义资本"的目的是衡量公司在服务员工、客户和环境方面进行评价,并对其进行排名。"正义资本"认为,商业和资本主义能够而且必须成为变革的积极力量,具体行动包括赢得公众的信任和积极关注盈利以外的问题两方面。"正义资本"认为,美国公民需要获得最佳公司的正确信息,以便通过购买、投资和在公司里积极工作来支持这些公司。他们希望表彰那些相信公平薪酬、平等对待所有工人、创造良好就业机会、理解社区重要价值、致力于地球健康的公司。他们希望价值 15 万亿美元的私营部门,能够在建设更美好未来这个任务上采取更加平衡的观点。2018 年,他们在《福布斯》(Forbes)杂志上公布了实施"正义资本"的 100 强公司。[57]

结　论

商业部门是美国经济的引擎。企业受到公众和政府的青睐,政府建立并维护一定水平的基础设施来支持、促进商业活动。随着社会和经济的发展,企业面临的问题出现变化:"除了生产好的产品和服务,并以合乎道德的方式开展业务,企业还欠社会和环境什么?"

老一套的答案是,除了做好客户的工作,企业不需要做其他任何事情。一个企业是由一个或多个股东创建的,他们把自己的资金置于风险之中,因此有权获得丰厚的利润来弥补他们的风险。美国商学院过去的信条一直都是:企业的目标是股东财富最大化。

如今,越来越多的公司正在改变他们的看法。贫困、基础教育水平低、医疗保健服务难以获得且费用高昂、气候变化的威胁、工人收入不足以支付生活和退休费用、民权待遇不平等、药物滥用、高离婚率等社会问题极大地影响了企业。许多企业开始意识到，他们还必须赢得客户的心智和共鸣，而不仅仅是他们的思想。许多企业开始关注社会责任，并意识到企业社会责任不仅仅是一些慈善事业，公司必须慎重决定购买、使用和处置什么资源，必须关心他们的客户如何看待公司的价值观或价值观缺失，必须考虑企业目标和更远大的使命。

一些企业处于社会变革的前沿。他们对深受客户欢迎的做法和实现公司绩效印象深刻。他们把自觉资本主义的四项原则作为公司管理的核心。一些公司已经转变为 B 公司，以便更明显地表达他们改善社会的愿望。超过 183 位亿万富翁通过加入"捐赠誓言"以彰显他们的社会责任感。

以下是一些关于"贵公司"关心的经济和社会问题。

第一，以下是对我们公司的良好描述：

（1）我们严格地经营我们的业务，以创造良好的客户价值，并为我们的股东交付良好的利润。

（2）我们积极回应运营良好的慈善机构的请求。

（3）我们制定了一个专门的慈善计划来解决一个非常重要且具体的社会问题。

（4）我们让所有利益相关者讨论他们认为重要的社会问题。

第二，以下是我们公司对可持续发展的态度。

（1）我们为公司在购买和使用材料方面的效率而自豪。

（2）我们肩负着消除浪费、节约用水和维系其他稀缺资源的使命。

（3）我们选择那些对可持续发展和地球健康有着坚定承诺的供应商。

第8章 政府能做些什么来促进共同利益？

> 我相信，只要有富足，贫穷就是罪恶。哪里有邪恶，哪里有困境，哪里就有政府。
>
> ——罗伯特·肯尼迪

政府相比于企业更关心公共利益，这点在联邦、州和地方各级政府一直致力于促进共同利益上已充分体现。政府为公民和企业提供了道路、桥梁和港口，还提供警察、消防队员和军人等社会保护服务，以确保公民和企业在开展社会活动时的安全。政府还给予公民言论自由、宗教集会自由和其他公民权利，并通过制定法律，使公民和企业能够明辨是非。所以，谁敢质疑现代政府不是共同利益的主要贡献者？

具有讽刺意味的是，许多公民不信任政府及其工作人员和立法者。他们甚至认为政府运作效率极低，并指责政府制定了过多的法律法规，导致企业效率低下，致使企业发展受阻。

因此，许多持这种观点的人希望精简政府。他们要求降低税率和减少政府干预，并对法规进行审查并取消不合理法规，主张将一些政府运营的公共项目私有化，如将道路建设私有化，让道路建设者收取通行费；将监狱私有化，节省税金并改善监狱管理；以及通过特许学校和宗教学校将小学和高中教育私有化。

这些批评者没有看到的是，在某些行业，政府运营远比企业更有效率。想想当前美国医疗保健系统的糟糕状况。美国在健康方面的人均支出非常高，但并未表现出比法国、德国、北欧国家甚至古巴更好的健康水平。美国的医疗保健系统已经私有化，掌握在保险业手中。多家健康保险公司提供了大量的健康保险方案，这些方案不仅让许多投保人困惑或无法获得应有权益，更糟糕的是，日益上涨的保险价格超出了许多人的承受能力，尤其是那些有既往病史的人。世界卫生保健系统专家，甚至越来越多的美国医生都认为，单一付款人医疗保健系统将以更低的成本提供更多的医疗保健服务。然而，多年来，参议员伯尼·桑德斯一直辩称，在如今日益上涨的医疗费用体系下，"全民医疗保险"是相对较好的选择。

那么政府在制定法规中的角色是什么？确实，许多不合理的规定应该修改或取消。然而，我们能不能在没有规则的情况下和谐相处呢？如果食品系统不受监管，会有公民信任它吗？谁想回到肉类供应不可靠的时代？如果没有法规，公民会信任药品供应吗？如果没有法律要求企业采取某些安全措施，工厂的安全怎么办？男女同工同酬怎么办？

皮尤研究中心的一项调查显示，公众对政府绩效的评分在以下问题上有所下降。[58]

- 确保获得医疗保健服务；
- 保护环境；
- 应对自然灾害；
- 确保食品和药品安全；
- 制定工作场所标准；
- 帮助人们摆脱贫困；
- 确保获得优质教育；
- 确保 65 岁以上人的基本收入；
- 保护国家不受恐怖袭击的侵害；
- 维护基础设施；

- 加强经济建设;

- 优化美国移民系统。

越来越多的人意识到,美国政府在履行追求共同利益的职责时受到了阻碍。美国有一个两极分化、僵持不下的国会,无法文明地讨论政策和行动。当共和党人掌权时,国会致力于降低税收,将公共支出保持在最低水平,并在许多重要的社会问题上采取拖延策略,如基础设施修复、移民改革、枪支管制、气候和污染、减贫以及降低高额的助学贷款。当民主党人掌权时,国会倾向于处理以上社会问题,即使政府支出和税收可能难以避免地增加。两个政党之间互相不能理解,随着时间的推移,其内部都出现了更极端的成员。各方已逐渐失去理性和修养,变得日益歇斯底里,也不再关心社会的共同利益。

如何打破以上僵局?

我们需要打破僵局,消除两极分化。方法如下。

- 应用"冲突解决研究"。如今在解决冲突领域,有大量研究正在进行,包括异议、联盟、谈判策略和双赢而非赢输策略。希望以上研究能在冲突的群体之间产生更好的交流和结果。

- 推出关于竞选资金的新法律。2010 年,美国最高法院在"联合公民诉联邦选举委员会"一案中以 5 比 4 裁定,在政治选举中,公司是一名拥有言论自由权利的"个人",可与民众一同以公民的身份参与政治选举。尽管超过 80% 的民众反对该法律,但它还是发生了。根据第一修正案,公司可以进行政治支出,这导致了超级政治行动委员会的泛滥,富裕的公司和个人可以贡献大量资金来支持更保守的候选人,这在很大程度上造成选举的困局。人们希望最高法院最终能推翻这一决定,或在未来的其他裁决中限制巨额的竞选费用。简·迈耶

(Jane Mayer)在她的书《金钱暗流:美国激进右翼崛起背后的隐秘富豪》(*Dark Money*:*The Hidden History of the Billionaire behind the Rise*)中有关于科赫兄弟公司如何影响选举的详细描述。[59]

- 减少游说活动。许多大公司之所以能够推动通过许多法律,不是因为公民意见和压力,而是因为游说活动。游说者自由地赞助活动,并向立法者提供资助,以获得对符合其客户利益的立法支持。对游说活动最具破坏性的控诉之一出现在劳伦斯·莱西格的《共和,迷失:金钱如何腐蚀国会——以及如何阻止它的计划》(*Republic*,*Lost*:*How Money Corrupts Congress—and a Plan to Stop It*)一书中。[60]

- 减少不公正划分选区的数量。每一个执政党都试图重塑选区,使其政党成员在选区拥有多数选票。不公正的选区划分看起来很奇怪,几乎不像地理上的圆形或方形区域,其结果是80％—90％的现任议员连任。解决办法是由独立的无党派委员会而不是地方立法机构重新划分选区,目前几个州已成功实践了。然而,最近最高法院的一项决定还是倾向于让地方立法机构来重新划分选区。

- 增加到场投票的选民人数。如果普通公民不去投票,民主就无法惠及普通公民。大约只有55％的美国公民在总统选举中投票,不到35％的人在中期选举中投票。更糟糕的是,一些州通过了选民压制政策,比如俄亥俄州表示,如果注册选民在过去几场选举中没有投票,他们将被剥夺投票资格。如今,我们必须改变这一现状,如鼓励邮寄选票或将投票日推迟至周六或周日来简化投票过程,以免投票影响选民工作。最好也是最极端的措施是在澳大利亚实施的,不投票的选民将要缴纳罚款。

- 改进国会审议程序。2017 年,凯瑟琳·盖尔和迈克尔·波特出版了《为什么美国政治产业缺乏应有竞争:重振我们的民主战略》(*Why Competition in the Politics Industry Is Failing America：A Strategy for Reinvigorating Our Democracy*)。他们认为,民主党和共和党代表着一种双头垄断,试图将中间派和独立候选人拒之门外。党内成员利用国会来提高自己的地位,总统选举的融资体系以及参众两院的辩论和投票规则都需要改革。

- 让修改美国宪法变得更加容易。经济、政治、社会和技术生活的急剧变化倒逼宪法的与时俱进。然而,通过一项新的宪法修正案仍然极其困难。宪法修正需要有两个程序:(1)参众两院需三分之二通过,国会才可以提出修正案,(2)三分之二的州立法机关召开会议,提出修正案。但这只是第一步,即使该修正案通过了,它还需要获得四分之三的州立法机构或公约批准才能正式生效。这些保守的规则解释了为什么美国宪法在其 229 年的历史中只通过了 27 项修正案。这有助于解释为什么大多数人支持通过某些法律,但国会一直在回避这些问题。获得国会绝大多数议员(60％或 67％)支持的修正案,其修正过程更具响应性。另一个需要废除的是选举团制度,选举团制度已经阻止了三名总统候选人当选,尽管他们赢得了普选。[61]

- 在地方层面落实共同利益。联邦政府和州政府的失灵表明,必须授予城市、小城镇和乃至乡村一级权力和提供解决方案。在这些地方,公共利益问题必须得到解决。专栏作家戴维·布鲁克斯这样说:"联邦政策制定者问道,'我们能为无家可归者做些什么?' 当地人问弗雷德或玛丽他们怎样才能有一个家。这些不同的问题产生不同的结果。"布鲁克斯认为,真正的问题会在地方层面得到真正的解决。地方层面的信任和参与十分重要，如果地方信任和参与缺失，当地人民将会敦促采取行动回应。[62]

政府可以扮演哪些有利于企业和经济的角色？

政府可以发挥许多积极作用，以促进私营部门的发展。我们将研究政府在基础设施、国防、教育、安全和健康、突发事件和指导方面的作用。

基础设施角色

尽管任何人都可以创业，但如果政府没有投资建设足够的基础设施，创业可能不会成功。一家新餐馆需要电力、自来水、垃圾处理、街道和人行道等基础设施。市民期望政府建造街道、道路、桥梁、排污系统、机场和港口。之所以是政府而不是私营部门来做这些事，是因为私营部门缺乏建设资金，或者难以通过收取使用费来从中获利。

州和地方政府经常与私人投资者合作建设、运营或向其转让公路（build，operate，and transfer，BOT，实质上是投资、建设和经营的一种方式）。政府单位向私人授予权利，允许其在一段时间内按规定的费率运营公路，直到公路所有权重新移交给政府。我们已经看到，为筹集足够的资金来支付当前的政府运营和债务成本，一些地方政府已经将一些公共财产出售给私营部门。例如，芝加哥将城市停车位打包卖给了一家私人公司，以便将这笔钱另作他用。

关于政府的基础设施责任几乎没有争议。当道路得不到维护、道路数量不足或交通严重拥堵，或者垃圾处理不当并造成健康危害时，政府就会收到企业投诉。

在美国,增加或改善基础设施需要获得当地选民的批准。选民
经常投反对票,因为融资增加了他们的财产税。选民始终投票反对
发行学校债券,因为大多数选民没有孩子上学。桥梁建设也是如此,
因为大多数选民不使用那座桥,政府通常需要具有良好的领导才能
和说服技巧才能使选民同意债券发行。

国防角色

每个国家都雇佣警察和消防员,并维持一支军队来保护其公民
的生命和财产安全。我们希望大部分时间军队都是闲置的,其费用
由心怀感激的公民承担。但是总有一些军事用品制造商游说国会增
加国防开支。游说者认为,国防规模太小,资金不足,难以支持更新
更现代化的装备。如果游说者成功了,更多的国家资源将用于支持
国防工业。一旦如此,政府成本将上升并导致更高的税收——讽刺
的是,那些推动增加国防支出的选民,最后却又反悔了。

为了增加国防开支,游说者经常强调国家安全威胁。更理智的
声音会表示反对,并展示被封存的飞机、舰船和坦克的数量,声明我
们不需要新型战斗机或额外的航空母舰。军事领导人并不想要这些
装备,但军事工业将会让美国五十个州的政治家能够在他们的选区
保留与国防相关的工作。人们忽视了大量的军用物资供应会成为其
侵略行为的借口。由于战争导致军用物资被破坏和取代,这确保了
军事工业的利润和就业的持续。

教育角色

如果国家要提高人力资本,政府需要至少在小学、初高中、社区

大学和州立大学层面提供教育。私营部门显然无法提供这种服务，因为收费太高，许多公民无力支付，最终会导致受教育的人减少。建立由税收和高等教育学费支持的公共教育是政府的责任。

一些家长选择将孩子送到私立学校，那里可以接受更好的教育（或宗教教育）。公共教育越差，决定送孩子去私立学校的家长就越多。华盛顿特区的公立学校系统非常糟糕，几乎没有政府高级官员会把他们的孩子送到公立学校。

谁应该承担大学教育费用的问题仍然存在。一个国家受益于大量的获得四年制大学学位的公民。在法国和德国等国家，大学教育是免费的或低成本的。但是在美国，四年制大学教育非常昂贵。付不起学费的学生只能去社区大学，或者干脆不上大学。许多人同意必须以某种方式停止大学费用的上涨。德国提供双重教育制度，使学生能够选择职业教育，而不是高中教育。公司的学徒制包含在职业选择中，德国职业学生毕业时即可拥有多年的公司工作经验，并有能力在行业中获得丰厚的收入。

安全和健康角色

大多数人希望政府监督公民的安全和健康问题。美国成立了美国农业部、卫生部、联邦药品管理局、美国疾病控制与预防中心等机构，以及其他负责检查食品和药品安全的机构。许多是因各行业的丑闻而成立的。

政府卫生机构受到严格的预算控制，往往只关注最关键的健康和安全问题。纳税人希望政府保护公民的健康和安全——但仅限于某种程度。

企业需要支持保护安全和健康的政府法规。当一个公司生产假冒或有害的药物,或生产含有有害成分的食品,或生产容易割伤以及包含有毒涂层的玩具时,整个行业都会受到影响。

突发情况角色

所有国家都可能遭受飓风、洪水或地震等自然灾害的袭击。大多数公民希望他们的政府在自然灾害中能提供紧急援助,无论是美国的卡特里娜飓风、中国的汶川地震还是 2011 年的日本海啸。在这些紧急情况下,企业和政府一起提供建筑材料、食物、水和药品。个人和非政府组织在志愿者、捐款、衣物和一系列紧急服务方面提供帮助。

指导角色

政府能扮演的最有争议的角色是说服企业进入某些新行业。自由营销者希望政府不要影响行业和公司的发展。他们希望由市场力量,而不是政府法令或财政拨款来影响经济增长模式。然而,有非常多的人游说政府支持他们的行业或公司。

另一个群体主张"引导经济发展"。他们希望政府弄清楚哪些行业将为国家提供良好的经济增长和足够的就业机会。他们希望支持那些未来更具潜力的产业。政府可能会补贴那些前景广阔且有助于可持续发展的新产业。因此,美国对太阳能和风能领域的可再生能源产业进行了补贴。

另一个问题是政府应该如何应对衰落的工业,要么任其消亡,要么提供关税保护。如美国通过对来自外国低价竞争对手的外国进口产品征收关税,来保护其重要的轮胎和钢铁行业。

中国、日本、韩国和法国非常乐于引导本国的经济发展。想想日本是如何在第二次世界大战后通过引导汽车、摩托车和电子产品的发展而迅速恢复的，以及韩国是如何选择类似的产业来实现发展的。虽然总是有选择错误行业的危险，但是，如果政府与企业合作，押注几个行业，一旦其中一个或多个行业足够成功，则足以弥补任何错误。

即使是在"自由市场"环境中，由大多数企业组成的贸易和专业协会，也在努力影响政府的经济政策。美国的行业，如太阳能行业，为补贴、特殊税收优惠或关税保护进行游说。美国公司希望政府机构每年能处理数以千计反倾销索赔。很难想象有哪些公司不试图通过政府的影响或行动来改善自己处境。

面对日益加剧的全球竞争，政府可能会通过商业支持服务、研发经费、税收优势、战略贸易协定和倡导公平贸易等做法，在帮助国内企业提高全球竞争力方面发挥越来越大的作用。

政府如何更好地与企业和非政府组织合作？

世界各国政府都倾向于对某些符合国家利益的行业给予高度关注。如政府通过订购战机、舰船和军火，帮助建设国防工业。政府也参与农业，努力提高农产品的生产力。美国农业部推广服务机构在帮助农民更有效地利用土地和学习种植方面发挥了重要作用。政府参与的另一个领域是支持高科技产业——机器人、人工智能、生物技术、能源科学、互联网——以便这些产业能够创造更多的就业机会。美国在公共资助的科学机构方面处于世界领先地位。

过去，当政府需要公共工程（如道路、港口、铁路）时，通常面临两种选择，即由政府承担该项目或使用采购程序并将项目授予最具吸引力的投标人。在后一种情况下，政府通常提供资金，而被选中的公司提供劳动力和材料。项目完成后，将由政府或公司其中一方来管理该项目,并确定服务定价和分摊成本。

我们现在更多地听到了第三种方式,称为公私伙伴关系(public-private partnerships, PPP)。这些案例描述了政府与一家或多家公司合作的情况。政府或私营部门可能会提出这种合作关系,然后制定出谁将提供资本、劳动力和材料,以及如何分享项目收益的条款。这种方法背后的理念是希望让私营部门带来效率、创造力和一些资本,并让政府提供资本、资产、土地、税收减免或有保证的年收入。在项目期间,私营部门通常会组成一个联合体,在合同期内开发、建设、维护和运营项目。在某些情况下,政府会在这个项目中占有股份。如果出了问题,双方将共同分担风险。

在经济低增长时期,如果没有私营部门的帮助,政府无法为项目提供资金,因此 PPP 尤其可取。私营部门从中受益,因为它可以向政府提出基础设施项目,并展示如何资助和发展这些项目。商业公司可以通过说服地方、州或联邦政府,还可以通过公私合作提供所需的公共工程,从而选择一条新的增长路径。

主要的 PPP 项目将创造或改善基础设施(高速公路、港口、机场、医院)和房地产(购物中心和公共住房开发)。PPP 帮助建立了法国和英国之间的英吉利海峡隧道铁路,葡萄牙贝拉斯滨海和阿尔塔影子收费公路,匈牙利的 M5 收费高速公路和保加利亚的 Trakia 高速公路。显然,政府可以在帮助企业解决国家紧迫的社会问题方面发挥积极作用。

政府也可以与非营利组织合作来提高他们的影响力。如政府与非营利医院、私立学校和大学、私人社会服务组织、慈善组织、博物馆、表演艺术组织、环境组织和宗教机构等众多组织合作。这些组织需要物资、物理设施、设备、分销商和媒体支持,因此他们不断申请政府补助,以帮助他们开展特定的有价值的项目。

规　程

法规和税收呢？

在保护公民健康和安全的努力中，政府通常要求公司遵循"不得向公民出售污染、变质的肉或鱼"的原则。企业必须掌握指导方针，填写表格和报告，通常还得花钱来遵守这些规定。《2002年萨班斯－奥克斯利法》(2002 Sarbanes-Oxley Act)给企业施加了极大的压力，该法要求大量的书面工作，并当公司内部发生不道德行为时，CEO级别的管理层要承担相应责任。与此类似的其他监管措施有助于会计和法律业务的快速增长，但代价是减缓了许多公司的增长和盈利能力。

如今有个问题是，在通过某项特定法规之前，如何评估它的成本与效益。这项规定有多必要？它能遏制多少滥用行为？理解和遵守需要花费多少时间？有多少企业会遵守？它会抑制还是帮助经济增长？在理想情况下，我们希望监管的收益大于成本。

尽管过度监管是不好的，会损害经济增长，但在某些领域，如在食品质量、水和空气质量以及医疗质量等重要领域，一些监管显然是必要的。正如有人评论的那样，我们不想呼吸污染的空气，喝被污染的水，吃有毒的食物，在不安全的道路上驾驶不安全的汽车，或者住在危险的建筑里。

更高的税收

第二个抱怨是，必须通过提高税收来支付政府法规和监管机构的费用。没有所谓的"零成本监管"。问题是这些规定是否有效实施,至少这将减轻纳税人的负担。

立法过程涉及参与政策制定的竞争各方,在没有共识的情况下,许多问题会拖上数月甚至数年,造成很多不确定性,并阻碍企业投资和发展。事实上,欧盟以及希腊和意大利的个人期货都存在问题,它通过提高借款人的利率来阻碍投资。在美国许多司法管辖区,高昂的借贷成本抑制了州和市政府的债券融资。加利福尼亚州的两个城市斯托克顿和圣贝纳迪诺已经申请破产,伊利诺伊州也面临高昂的债券发行成本。在美国,是否允许政府提高支出上限以及如何管理令人头疼的政府养老金成本问题,增加了财政的不确定性并阻碍了投资和支出。

结 论

美国人对联邦政府及其民选官员追求共同利益的糟糕表现感到震惊。国会有许多政客,但却几乎没有考虑国家利益的政治领袖。一份新的联合国报告称,在所有西方国家中,美国的收入不平等程度最高。美国目前仍然有 4 300 万人生活在贫困中,其中 1 300 万是儿童,并有 500 多万人生活在绝对贫困中。与此同时,美国的亿万富翁阶层持续增长,前 1% 的美国人拥有近全国 40% 的财富。

特朗普赢得了 2016 年的总统选举。2018 年 12 月,特朗普向最不需要减税的最富有的个人和公司减税 1.5 万亿美元。他的内阁由极端富有的保守男性组成,他们不会考虑穷人。住房和城市发展部部长本·卡森主张提高低收入租户的租金,以鼓励"自给自足"。租房者必须达到工作要求,否则就会失去住所。特朗普严重破坏了奥巴马的医疗保障计划,该计划为 4 000 多万被排除在医疗保健系统外的公民提供了医疗保险。特朗普对北美自由贸易协定（North American Free Trade Agreement，NAFTA）提出质疑，并重新进行谈判。他放弃了奥巴马在2016年2月4日签署的跨太平洋伙伴关系协定（Trans-Pacific Partnership，TPP），该协定旨在与亚洲国家、澳大利亚、新西兰以及智利和秘鲁建立更紧密牢固的关系。他通过关税，发动了没有任何一方获胜的贸易战。他不断指责新闻媒体是虚假的，却很少关注贫困或大多数美国工人的低工资问题。

想让政府再次解决严重的社会问题并追求共同利益则必须等待新的政府领导人。我们已经看到了像西奥多·罗斯福、富兰克林·罗斯福和林登·约翰逊这样有爱心的领导人可以在反垄断问题、经济萧条和公民权利方面做的杰出事迹。我们也已亲眼目睹了几个州和城市在强有力和充满爱心的州长和市长的带领下如何改善了公民的生活。

以下是关于贵公司与政府合作的一些问题。

1. 请列出贵公司为政府机构所做的工作。总体上是盈利的还是不盈利的？如果一直未能盈利，原因是什么？

2. 你能找出任何对公司来说有利可图的政府工作吗？公司有机会中标并获得足够的利润吗？

3. 你是否曾服务过非政府组织的某个特定部门，并在该部门积累了专业知识和声誉？是什么阻碍了你在这个领域的发展？

4. 你的公司是否在设立了更高关税或非关税壁垒的国家失去了市场？你在游说你的政府提高对哪个国家的关税和非关税壁垒吗？这是解决问题的最佳方法吗？

第9章 非营利组织和基金会如何促进共同利益？

> 当我们面对重要问题保持沉默的时候，生活的悲剧就开始上演了。

——马丁·路德·金

美国存在大量促进共同利益的非营利组织（NPOs，也叫非政府组织，非政府机构）。它们的出现是因为政府部门未能在最需要的地方创造共同利益，要么是被"最小政府"的拥护者阻挠，要么是因为资金不足。欧洲国家的非营利组织比美国少，其原因是欧洲政府在这些国家扮演了更强有力的支持角色。欧洲公民期望政府保护并提供"共同利益"——试想一下，一个失业的欧洲人不必担心难以负担医疗费用，可以免学费或少付学费就可以上大学，并在寻找新工作时得到积极帮助。

美国的非营利组织

美国有成千上万个非营利组织，大多数非营利组织专注于改善一个或多个群体的福利。非营利组织既包含小型组织也包含大型组织，如基督教青年会（YMCA）、救世军（Salvation Army）、美国红十字会（American Red Cross）、美国天主教慈善会（Catholic Charities USA）、国际善意行业（Goodwill Industries International）、美国男孩女孩俱乐部（Boys and Girls Club of America）、美国癌症协会、大自然保护协会（The Nature Conservancy）和美国童子军（Boy Scouts of

America）。这些大型非营利组织预算充足，通常由一名拥有工商管理硕士或专业学位的高薪首席执行官领导。

非营利组织在许多社会领域开展活动，包括卫生服务、教育/图书馆、宗教组织、社会和法律体系、市政、社会关系、艺术和文化以及基金会。非营利组织不以销售产品或服务来获取利润。然而，一些非营利组织通过销售活动减轻预算压力，但这不是基本或必要的。女童子军通过卖饼干来支持她们的公益事业，帮助年轻女孩在自信和友谊中成长。帮助少女们树立自信，并在充满友谊的环境中茁壮成长。

合法的非营利组织需要向美国国税局申请认证。第 501(c)(3) 条包括传统的慈善、宗教、科学和教育机构，这些组织不会利用他们的资源去游说。第 501(c)(4) 条包括可以进行游说的社会福利团体。第 501(c)(6) 条包括商业联盟，第 501(c)(7) 条包括社会俱乐部，除此之外还有其他分类。

非营利组织提供的豁免与特权有以下几点。

- 免除联邦、州和地方所得税。
- 大多数情况下免除当地财产税。
- 更低的大宗邮费率。
- 联邦服务可能会降低收费或完全不收费。
- 医院和其他一些组织可以发行免税债券。
- 慈善、教育、科学和某些组织可以接受捐赠、礼物和遗赠，并允许捐赠者减税。
- 从媒体处获得捐赠空间和宣传时间。

以下是给予非营利组织特殊待遇的两个理由。第一个理由是"公共产品"理论，如果没有政府提供的税收补贴，非营利组织通常不会提供医疗保健、教育和基础研究等服务；第二个理由是"质量保证"

理论,即消费者通常难以判断这些领域的服务质量如何,例如医疗保健和教育。这就保护了消费者,因为公司为了盈利会对劣质服务收取高价。

随着时间的推移,许多非营利组织开始进行一些商业活动。有些非营利组织具有企业家精神,将所得利润用来补充捐赠资金。如果非营利组织从与其使命无关的业务活动中获得超过 35％ 的收入,则可能会丧失其整体免税地位。对于非营利组织来说,将这样的业务分拆成一个营利性的子公司可能会更好。

界定非营利组织的使命

大多数非营利组织交出了一份服务清单,然而,这并不是在阐释组织的使命。著名管理学家彼得·德鲁克(Peter Drucker)认为,使命是每个组织需要回答的五个问题中的首要问题。

1. 你的使命是什么?
2. 你的顾客是谁?
3. 你的客户看重什么?
4. 你寻求什么结果?
5. 你的计划是什么?

一个教会可能会说它的使命是扩充成员。然而,教会希望它的成员做什么? 一个教会可能会将其使命定义为"帮助人们自我感觉更好",另一个教会可能会将其使命定义为"鼓励人们帮助穷人"。无论使命是什么,都应该是可行的、鼓舞人心的和有特色的。

一所大学可能会将其使命定义为"培养学生的思考和推理能力",另一所大学可能会将其使命定义为"帮助学生为特定职业做准备"。

非营利组织要想有效运作,通常需要选择其服务的客户群体。一个反吸烟的非营利组织可能会关注每一个吸烟者,但将目标聚焦于诸如"少女"和"单身母亲"等特定群体会更加有效。它将研究这些特定群体为什么吸烟,吸烟能满足他们什么需求,以及哪些有说服力的论点和活动会对这个群体起作用。通过定义目标群体,非营利组织可以跟踪它在减少该群体中吸烟者数量方面的有效性,但我们也知道,让每个人都戒烟是很难做到的。

有时候,一个人就能为共同利益作出巨大贡献。在全球公关公司博通万里(Porter Novelli)看来,一个伟大的创意应该是有思想、顺应时势且可落地的。举例如下。

梅猜·维拉瓦德亚(Mechai Viravaidya)博士是一位备受尊敬的泰国医生,他在减少意外怀孕和泰国艾滋病传播方面颇有建树。他致力于普及避孕套,认为一点"小乐趣"可能会让避孕套更容易被接受。他的创意推广策略支持"有趣"的主题:

- 他在各种活动中发表讲话,宣称"避孕套是一个很好的朋友,你可以用它做很多事情,如在不同的日子使用不同的颜色——星期一用黄色,星期二用粉色,难过时用黑色"。[63]
- 他组织了避孕套"吹气球"比赛,并为儿童和成人颁奖。他还确保媒体会拍摄到他出现在头版或晚间新闻中的照片。
- 他说服收费亭在售票时附赠避孕套。
- 他创建了一个"警察与强盗"项目,在这个项目中,交警会在新年前夕将几盒避孕套分发给行人。
- 他还展示了避孕套的其他用途,比如把它们套在枪管上,以防止沙子进入枪管。
- 他让僧侣们为避孕套祈福,使泰国人可以放心使用。
- 他在时装秀上增加了避孕套,不同颜色的避孕套应有尽有。

- 他开了一家名为"卷心菜和避孕套"的新餐馆,并打出了"我们的食物保证不会导致怀孕"的标语。而且,账单上还附有避孕套,而不是薄荷糖。

2007 年,比尔和梅琳达·盖茨基金会宣布,泰国人口与社区发展协会(Thailand's Population and Community Development Assiociation,PDA)获得 2007 年盖茨全球健康奖,以表彰其在计划生育和艾滋病预防方面的开创性贡献。该奖项授予了梅猜·维拉瓦德亚博士。

非营利组织如何才能更有效地工作?

在非营利组织的早期历史中,其创始人或管理者往往以反商业的态度看待他们的工作。他们旨在建立一个做"好事"的组织,而不是"赚钱"的组织。他们关心他人,且不希望被以营利为目的的"商业心态"限制自己的思考和规划。

随着时间的推移,非营利组织管理者的反商业态度开始改变。管理层需要了解商业规则,如财务、营销、会计、运营和人力资源管理。如果他们了解 SWOT(优势、劣势、机会、威胁)、市场营销的 STP(市场细分、确定目标市场和定位)、4P(产品、价格、渠道、促销)、品牌建设、创新和企业家精神、投资回报率分析以及其他商业概念和工具,那么组织管理层可以作出更好的决策。大型非营利组织越来越多地雇用高学历专业人才(如工商管理硕士)担任高管。值得一提的是,越来越多怀揣着强烈愿望和良好工作技能的工商管理硕士进入非营利组织,致力于为更多人创造一个更美好的世界。

我们看到非政府组织和政府机构之间进行了诸多合作来推动社会公益事业的发展。公司通常很乐意为非营利组织提供非货币资源

（员工专业知识、员工志愿者、闲置设备和工作空间）。

在《正营销！》中，作者建议非营利组织采取以下行动来支持社会公益事业。[64]

1. 首先，制定一份由非营利组织或机构负责的社会问题清单，并为解决这些问题寻求额外的资源支持。

2. 列出可能与这些社会问题有关的企业，包括与企业使命、产品和服务、客户群、员工热情、开展业务的社区和企业捐赠历史相关的内容。

3. 与公司接触，了解他们在支持社会公益事业方面的兴趣和经验。

4. 了解他们的业务需求。

5. 与目标企业分享非营利组织目前支持的社会问题，正在考虑或参与的计划，以及你的优势和所拥有的资源，寻找哪些方面能引起企业的兴趣。

6. 向那些对社会问题最感兴趣的企业准备并提交一份方案，提出几个可选方案，这些方案要符合企业的业务和营销需求。

7. 参与制定实施计划。

8. 尽可能多地处理行政事务等跑腿工作。

9. 协助评估并报告结果。

10. 投其所好，认可企业的贡献。

非营利组织和基金会

大量的非营利基金会应该被纳入"行善者"的范畴。2014 年，美国有超过 86 000 个独立公司、社区和赠款基金会正在活跃运转，它们致力于通过社会营销工作努力解决社会问题并为公益事业作出贡献。[65]科特勒和安德烈亚森（Alan Andreasen）确定了四个主要的相关群体。

1. 家族基金,资金来自单一家庭的成员（如比尔和梅琳达·盖茨基金会）；

2. 普通基金会,通常由专业人员管理,向不同领域提供资助（例如福特基金会）；

3. 企业基金会,其资产主要来自营利性企业的捐款（如美国银行慈善基金会）；

4. 社区基金会,旨在接收和管理当地社区的各类捐款,为特定社区或地区提供慈善赠款。[66]

阿育王组织

阿育王组织（Ashoka）是我最喜欢的非营利组织之一,它在世界各地博施济众,并致力于促进共同利益。该组织试图寻找并支持世界领先的社会企业家,从他们的创新商业模式中学习,并动员全世界接受这些新框架,使"每个人都是变革者"的思想深入人心。

从其宣传手册来看,主要包括以下几个步骤:

1. 识别和支持世界领先的社会企业家:我们在世界各地寻找和培养社会企业家,他们的企业制度变革创新性地解决了一些根深蒂固的社会问题。我们邀请他们加入阿育王组织,并向他们提供早期财政支持和终身会员资格,使他们能够实现自己的愿景,产生更大的影响。然后,我们根据这 3 500 名阿育王成员的见解和商业模式,了解未来需要什么,以及如何为建设一个更美好的世界提供新的解决方案。阿育王项目/工具包括风险投资和联营、阿育王全球化、驻场执行和阿育王支持网络。

2. 让每个人都成为变革者：我们鼓励和支持广大公众进行变革，并努力给予他们信心和工具，为大众利益问题寻求解决方法。具体而言，我们致力于让所有年轻人都能拥有一技之长，以掌控这个日新月异的世界。阿育王项目／工具包括青年创业、引导青年、激发同理心。

3. 推动"人人都是变革者"运动：我们组建了一个组织网络，来转换心态并重塑学习、工作和生活方式，以促进有利于社会的变革。我们与学校、企业、公民部门组织、媒体和其他有影响力的人合作，共同领导了这场运动。

阿育王已经确定了在这个完全不同的世界里共同生活和工作所需的新框架。该框架的四个要素是同理心、团队合作、新领导模式和变革。

在一个规则跟不上变化速度的复杂世界里，同理心至关重要。基于同理心的道德正迅速成为我们日常交往的基石。

团队合作依赖于每个人都能在流动的、开放的团队中工作的能力，以便在这个新的战略环境中看到并抓住转瞬即逝的机遇。

新领导模式要求团队中的每个成员都是创新者，必须以大局为重，提出有助于产生积极社会效应的解决方案。

变革是一种为了所有人的利益自由有效地进行创新的能力。

结　论

显而易见，世界各地有许多人和非营利组织在为了促进共同利益竭尽全力。非营利组织在促进共同利益方面所展现的热情远远超过企业和政府。然而，我们需要企业和政府机构也拥有像非营利组织一样的动力和精神。

企业逐渐认识到,它们必须为改善社会作出贡献。社会运转得越良好,企业的经营和盈利能力就越强。有一个误区是,支持公益事业的企业利润较低。事实上,他们是正常盈利的 C 公司(由买卖公司股票的股东拥有的企业),其公益行为不仅吸引了越来越多的客户和员工,也吸引了股东。与此同时,越来越多的 B 公司开始追求盈利,但为了改善环境或解决社会问题,它们降低了盈利预期。随着时间的推移,基金会对公益事业的贡献也在增加。

德鲁克论坛(Drucker Forum)的创始人理查德·施特劳布(Richard Straub)最近在《哈佛商业评论》(Harvard Business Review)上发表了一篇文章,呼吁发起一项社会运动,以改变营利性商业领袖的心态。仅仅为股东赚钱是不够的,他们的使命是"让社会富足"并"激励、教育和授权公司通过商业提升人性"。他的文章引用了几个商业领袖的例子,他们已经为自己的企业树立了更远大的目标。[67]

让我们回顾一下管理学家彼得·德鲁克在 1946 年出版的《公司概念》(The Concept of the Corporation)一书中关于商业的睿智见解。这些思想仍然指导着开明的管理者:

"组织和个人一样,并不是一座孤岛,它必须平衡好以下两个基本问题:(1)集中注意力和聚焦主体业务的需要;(2)对环境的关注和对社区的同情。"

"作为美国社会的代表机构,公司必须承诺充分实现美国人民的愿望和信仰。"

"公司之所以陷入困境,是因为越来越多的人认为它与社会的基本需求和价值观格格不入。"

"只有当公司不依赖于个别管理层的善意和社会意识就能对社会稳定和社会目标的实现作出贡献时,一个以公司为基础的工业社会才能良好运转。"

"很少有人(除了高级管理层)认为发放巨额高管薪酬是合理的，因为它们与公司业绩毫不相关。"

"在这个国家，总统可以在没有任何证据证明他有作为领袖或政治决策者的能力的情况下当选，这可能是美国政治制度最严重的弱点。"

我们用下面这段话来结束这本书：

在你与世界的斗争中，你要协助世界。

——弗朗兹·卡夫卡(Franz Kafka)，1917 年

附录:联合国界定共同利益的工作

联合国成立于 1948 年。联合国曾几次主动定义共同利益和确定目标。

1948 年：联合国通过《世界人权宣言》

- 防止种族灭绝。
- 防止种族歧视。
- 防止妇女歧视。
- 关于难民、劳动人民和儿童权利的特别章节。
- 禁止酷刑和其他残忍的惩罚。
- 侨工的权利。

2000 年：联合国宣布千年发展目标
(Millennium Development Goals, MDG)

1. 2000 年 9 月,147 位国家元首和政府首脑以及 189 个国家在《联合国千年宣言》(the United Nations Millennium Declaration)[A/RES/55/2]中致力于实现每个人的发展权,并使全人类免于匮乏。他们承认,进步的基础是可持续的经济增长,经济增长必须以穷人和人权为中心。该宣言的目标是促进"综合方法和协调战略,在广泛的战线上同时解决许多问题"。

2. 该宣言呼吁到 2015 年将每日生活费不足一美元的人数减半。这一努力还包括寻找解决饥饿、营养不良和疾病的办法,促进两性平等和赋予妇女权力,保证人人享有基础教育,以及支持《21 世纪行动计划》(the Agenda 21)的可持续发展原则。富裕国家将以援助、贸易、债务减免和投资的形式,为发展中国家提供直接支持。

3. 为了跟踪进展情况,联合国秘书处和联合国系统的专门机构以及国际货币基金组织、世界银行和 OECD 的代表,为消除贫困、饥饿、疾病、文盲、环境退化和对妇女的歧视确定了一套有时限且可衡量的目标和指标。国际专家选择了相关指标,用于评估 1990—2015 年预期实现的进展情况。秘书长每年将根据全球和区域层面汇总的 48 项选定指标的数据,编写一份关于执行宣言进展情况的报告。

4. 联合国统计司、联合国各机构和基金、世界银行、国际货币基金组织和 OECD 密切合作,协调数据分析并维护数据库,其中包含与选定指标有关的系列以及旨在补充基本的 48 项千年指标的其他背景系列,以便进行更深入的分析。

5. 数据库中的数据来自不同机构编制的国际系列。每个国家计算指标所需数据的可用性取决于国家统计部门的能力。在许多情况下,当国家数据无法获得或受到严重质量问题的影响时,使用估计值。

6. 为了帮助集中分析和评估国家一级的进展情况,千年指标和背景数据系列也由各国在千年国情简介(Millennium country profiles)中加以组织和呈现。

7. 国家层面的监测是评估千年发展目标和调动资源协助发展中国家实现目标的不可或缺的要素。联合国开发计划署在其他机构和联合国秘书处的协助下,正在努力协调并支持各国编写国家监测报告。

8. 千年目标有以下几点。

● 消除极端贫困和饥饿;

● 普及初等教育;

● 消除性别不平等和增强妇女权力;

● 降低儿童死亡率;

● 改善孕产妇健康;

● 防治艾滋病、疟疾和其他疾病;

● 确保环境可持续性,建立全球发展伙伴关系。

2000 年:联合国宣布全球契约

联合国全球契约(The United Nations Global Compact)是联合国的一项倡议,旨在鼓励世界各地的企业采取可持续和对社会负责的政策,并报告其实施情况。全球契约是一项基于人权、劳工、环境和反腐败领域等十项原则的企业框架。根据契约,公司需与联合国机构、劳工团体和民间社会联合起来。

全球契约是世界上最大的企业公民倡议,有以下两个目标:"将世界各地商业活动的十大原则主流化"和"促进支持更广泛的联合国目标的行动,如千年发展目标"。

1999 年 1 月 31 日,联合国秘书长安南在世界经济论坛上发表讲话,宣布全球契约,并于 2000 年 7 月 26 日在纽约联合国总部正式启动。

全球契约办公室(Global Compact Office)得到六个联合国机构的支持:联合国人权事务委员会、联合国环境规划署、国际劳工组织、联合国开发计划署、联合国工业发展组织、联合国毒品和犯罪问题办公室。

人权

企业应：

- 原则 1：支持和尊重国际公认人权；
- 原则 2：确保他们没有侵犯人权。

劳动标准

企业应坚持：

- 原则 3：结社自由和有效承认集体谈判权；
- 原则 4：消除一切形式的强迫和强制劳动；
- 原则 5：有效废除童工；
- 原则 6：消除就业和职场歧视。

环境

企业应：

- 原则 7：对环境挑战采取预防措施；
- 原则 8：积极承担环境责任；
- 原则 9：开发和推广环境友好型技术。

反腐败

企业应坚持：

- 原则 10：企业应该努力打击各种形式的腐败，包括勒索和贿赂。

2010 年：儿童权利和商业原则

儿童权利和商业原则（Children's Rights and Business Principle,

CRBP)是由联合国儿童基金会和全球契约于 2010 年联合制定的第一套全面的原则,以指导企业在工作场所、市场和社区采取全面行动,尊重和支持儿童权利。

它涵盖 10 项原则:

1. 尊重儿童权利。

2. 消除童工。

3. 为青年工人、父母和护理人员提供体面工作。

4. 儿童的保护和安全。

5. 提供安全的产品和服务,以支持儿童的权利。

6. 尊重和支持儿童权利的营销和广告。

7. 与环境和土地征用有关的权利。

8. 在安全协议中尊重和支持儿童权利。

9. 保护处于紧急情况的儿童。

10. 加强社区和政府的努力,以保护和实现儿童权利。

2012 年：联合国是里约+20（the Rio+20）峰会的一部分

会议的目标是确保对可持续发展重新作出政治承诺,评估迄今取得的进展和仍然存在的差距,并应对新出现的挑战。

会议集中讨论两个主题:(1)可持续发展和消除贫穷背景下的绿色经济;(2)可持续发展的体制框架。

目标、具体目标和指标

联合国秘书处、国际货币基金组织、经合组织和世界银行的专家一致通过了一个由 8 个目标、18 个具体目标和 48 个指标组成的框

架，来衡量实现千年发展目标的进展情况。我们在这里列出目标和
具体目标，省略了对 48 个指标的描述。

目标 1：消除极端贫困和饥饿

具体目标 1：在 1990 年至 2015 年间，力争使每日收入低于 1 美
元的人口比例减半。

具体目标 2：在 1990 年至 2015 年间，将遭受饥饿的人口比例减半。

目标 2：普及初等教育

具体目标 3：确保到 2015 年，世界各地的儿童，无论男女，都能完
成小学教育目标。

目标 3：促进性别平等和增强妇女权力

具体目标 4：最好在 2005 年前消除小学和中学教育中的性别差
距，最迟在 2015 年消除各级教育中的性别差距。

目标 4：降低儿童死亡率

具体目标 5：在 1990 年至 2015 年间，将 5 岁以下儿童死亡率降
低三分之二。

目标 5：改善孕产妇健康

具体目标 6：在 1990 年至 2015 年间，将孕产妇死亡率降低四分之三。

目标 6：抗击艾滋病、疟疾和其他疾病

具体目标 7：到 2015 年停止并开始扭转艾滋病的蔓延。

具体目标 8：到 2015 年停止并开始扭转疟疾和其他主要疾病的
发病率。

目标 7：确保环境可持续性

具体目标 9：将可持续发展原则纳入国家政策和规划，扭转环境
资源的损失。

具体目标 10：到 2015 年，无法持续获得安全饮用水和卫生设施
的人口比例减半。

具体目标 11：到 2020 年，使至少 1 亿贫民窟居民的生活得到显著改善。

目标 8：建立全球发展伙伴关系

具体目标 12：进一步发展开放、有秩序、可预测、非歧视的贸易和金融体系；包括国内和国际两个层面上致力于良好治理、发展和减贫的承诺。

具体目标 13：解决最不发达国家的特殊需要；包括对最不发达国家出口实行免关税和免配额，加强重债穷国债务减免方案和取消官方双边债务，以及向致力于减贫的国家提供更慷慨的官方发展援助。

具体目标 14：解决内陆发展中国家和小岛屿发展中国家的特殊需要（通过《小岛屿发展中国家可持续发展行动纲领》和大会第二十二届特别会议的成果）。

具体目标 15：通过国家和国际措施全面解决发展中国家的债务问题，以便使债务长期可持续。

具体目标 16：与发展中国家合作，制定和实施为青年提供体面工作的战略。

具体目标 17：与制药公司合作，为发展中国家提供其负担得起的基本药物。

具体目标 18：与私营部门合作，提供新技术，特别是信息和通信。

（资料来源：改编自联合国统计司，http://millenniumindicators.un.org/unsd/mi/mi_highlights.asp）

2015 年：联合国在纽约宣布 2030 年可持续发展目标

重点是人、地球、繁荣、和平和伙伴关系。

我们决心从现在到 2030 年，消除世界各地的贫困和饥饿；消除国家内部和国家之间的不平等；建设和平、公正和包容的社会；保护人权并促进性别平等以及赋予妇女和女童权力；并确保对地球及其自然资源的持久保护。考虑到不同的国家发展水平和能力，我们还决心为包容性和可持续的经济增长、共同繁荣和人人享有体面的工作创造条件。

2015 年新的 2030 年可持续发展目标

- 目标 1：消除各地一切形式的贫困。
- 目标 2：结束饥饿，实现粮食安全和改善营养，促进可持续农业发展。
- 目标 3：确保健康的生活方式，促进各年龄段所有人的福祉。
- 目标 4：确保包容和公平的优质教育，促进全民享有终身学习机会。
- 目标 5：实现性别平等，增强所有妇女和女童的权力。
- 目标 6：确保人人享有水和卫生设施并对其进行可持续管理。
- 目标 7：确保所有人都能获得负担得起、可靠、可持续和现代的能源。
- 目标 8：促进包容和可持续的经济增长、充分和生产性就业以及人人享有体面的工作。
- 目标 9：建设具有抗灾能力的基础设施，促进包容和可持续的工业化，并促进创新。
- 目标 10：减少国家内部和国家之间的不平等。
- 目标 11：建设包容、安全、可持续和有抵御灾害能力的城市和人类居住区。

- 目标 12:确保可持续消费和生产模式。
- 目标 13:采取紧急行动应对气候变化及其影响。
- 目标 14:保护和可持续利用海洋和海洋资源,以促进可持续发展。
- 目标 15:保护、恢复和促进陆地生态系统的可持续利用,可持续管理森林,防治荒漠化,制止和扭转土地退化并保护生物多样性。
- 目标 16:倡导和平和包容的社会以促进可持续发展,为所有人提供诉诸司法的机会,并在各级建立有效、负责和包容的机构。
- 目标 17:加强执行手段,重振全球可持续发展伙伴关系。

这十七个目标令人钦佩。没有人期望它们都能得到同等的关注和资助。随着时代的变化,有些目标会变得比其他目标更加紧迫。

参考文献

1. Li Zhou, "18-companies-that-are-doing-good-while-doing-well."

2. Christopher Lasch, *The Culture of Narcissism: American Life in an Age of Diminishing Expectations*, Norton, 1978.

3. Eric H. Greenberg and Karl Weber, *Generation We: How Millennial Youth are Taking Over America and Changing Our World Forever*, Emeryville, CA, Pachatusan, 2008.

4. David Brooks, "Yes, I'm an American Nationalist," *New York Times*, October 26, 2018.

5. William Beveridge, *Social Insurance and Allied Services*, November 1942. This book was influential in the founding of the welfare state in the United Kingdom.

6. Robert Samuelson quoted in M. Velazquez, C. Andre, S. J. Shanks, and M. Meyers, "The Common Good," Markkula Center for Applied Ethics, Santa Clara University, accessed by https://www.scu.edu/ethics/ethics-resources/ethical-decision-making/the-common-good/(February 5, 2013).

7. David Brooks, "The Four American Narratives," *New York Times*, May 26, 2017.

8. James and Deborah Fallows, *Our Towns: A 100,000-Mile Journey into the Heart of America*, New York, Pantheon, 2018.

9. Thomas Friedman, "Where American Politics Can Still Work: From the Bottom Up," *New York Times*, July 4, 2018.

10. Steven Pinker, *Enlightenment Now: The Case for Reason, Science, Humanism, and Progress*, Viking, 2018.

11. Seth Godin, "58 Years Ago," July 18, 2018.

12. Robert B. Reich, *The Common Good*, New York, Knopf Borzoi Books, 2018; and Jean Tirole, *Economics for the Common Good*, Princeton, New York, 2016.

13. "Transforming Our World: The 2030 Agenda for Sustainable Develop-

ment," https://sustainabledevelopment.un.org/post2015/transformingourworld.

14. Jon Clifton, "150 Million Adults Worldwide Would Migrate to the U.S. World," April 20, 2012.

15. Francis Fukuyama, *The End of History and the Last Man*, New York, Avon, 1992.

16. Peter S. Goodman, "In Britain, Austerity is Changing Everything," May 28, 2018.

17. www.usnews.com/news/best-countries.

18. https://www.goodcountryindex.org/results.

19. Michael I. Norton and Dan Ariely, "Building a Better America. One Quintile at a Time," *Perspectives on Psychological Science*, 6(1), 9—12.

20. "Inequality v Growth," *Economist*, March 1, 2014, p.76.

21. Alex Lickerman and Ash ElDifrawi, *The Ten Worlds: The New Psychology of Happiness*, Deerfield Beach, FL, Health Communications, 2018.

22. Eric A. Posner and E. Glen Weyl, *Radical Markets: Uprooting Capitalism and Democracy for a Just Society*, Princeton, NJ, Princeton University, 2018.

23. Richard Easterlin, "Does Economic Growth Improve the Human Lot?" a paper circulated at the University of Pennsylvania, 1971—1972.

24. Anne Muller, *Gross National Happiness of Bhutan*, Jackson, WY, Pursue Balance.

25. "Gross National Happiness(GNH)—Gross National Happiness Policy and The American Pursuit of Unhappiness—Med Jones, IIM," Iim-edu. org. 2005-01-10. Retrieved 2012-11-07.

26. Thorstein Veblen, *The Theory of the Leisure Class*, New York, B. W. Huebsch, 1924.

27. Madeleine Albright, *Fascism: A Warning*, New York, HarperCollins, 2018.

28. Robert O. Paxton, *The Anatomy of Fascism*, New York, Vintage, 2005.

29. German Lopez, "Charlottesville Protests: A Quick Guide to the Violent Clashes this Weekend," Vox, August 14, 2017.

30. Op. cit.

31. June Sekera, "Re-thinking the Definition of 'Public Goods'". https://rwer.wordpress.com/2014/07/09/re-thinking-the-definition-of-public-goods/.

32. Various OECD reports, available at http://www.oecd.org/.

33. Nancy R. Lee and Philip Kotler, *Social Marketing: Behavioral Change for Social Good*, Los Angeles, CA, sixth edition, Sage, 2019.

34. Steven M. Buechler, *Social Movements in Advanced Capitalism*, New York, Oxford University Press, 2000.

35. See Robert V. Kozinets and Jay M. Handelman, "Adversaries of Consumption, Consumer Movements, Activism, and Ideology," *Journal of Consumer Research*, Vol.31, December 2004, pp.691—704.

36. Major Environmental Groups Launch #GreenWave to Win Pro-Environment Congressional Majority, October 30, 2018. www.lcv.org/article/major-environmental-groups-launch...

37. https://www. doraziopeterson. com/equal-pay-day-2018-equal-pay-act-update

38. Kozinets, op. cit.

39. Richard Dawkins, *The Selfish Gene: 40th Anniversary Edition*, Oxford University Press, 2016.

40. David Sloan Wilson, *Does Altruism Exist? Culture, Genes and the Welfare of Others*, Yale University Press, 2015.

41. Jacey Furtin, "'Assess to Literacy' Is Not a Constitutional Right, Judge in Detroit Rules," *New York Times*, July 4, 2018.

42. Christian B. Miller, *The Character Gap: How Good Are We?* New York, Oxford University Press, 2018.

43. Raveena Aulakh, "How One Man has Fought to Clear the Air Over China's Pollution," April 23, 2013, *Toronto Star*.

44. www.paulgraham.com/disagree.html.

45. Sheri Berman, "Why Identity Politics Benefits the Right More than the Left," *The Guardian*, July 14, 2018.

46. Philip Kotler and Gerald Zaltman, "Social Marketing: An Approach to Planned Social Change," *Journal of Marketing*, July 1971, Vol.35, Issue 3, pp.3—12. For a full text on social marketing, see Nancy R. Lee and Philip Kotler, *Social Marketing: Changing Behavior for Good*, Sage, fifth ed., 2015.

47. T. Granger, "Best Buy Targets 1 Billion Pounds of Electronics Recycling" (April 27, 2010), accessed July 26, 2011, http://earth911.com/news/2010/04/27/best-buy-targets-1-billion-pounds-of-electronics-recycling/, Best Buy, "Best Buy Gets Top Recycling Honors" (n.d.), accessed May 23, 2014, http://

www.bby.com/best-buy-gets-top-recycling-honors/.

48. Ralph Young, *Dissent: The History of an American Idea*, New York University, 2015.

49. Christian Sarkar and Philip Kotler, *Brand Activism: From Purpose to Action*, October 2018, p.23.

50. Marc Benioff, "Homelessness Is Everyone's Business," *New York Times*, October 25, 2018.

51. May 23, 2014, http://newsroom.heart.org/news/american-heart-asso-ciation-applauds-subways-commitment-to-marketing-healthy-foods-to-kids.

52. Kotler et al., *GOOD WORKS!*, p.118, op.cit.

53. Sarah Nassauer, "Walmart Takes a Stand on Guns, Gay Rights to Get People to Like it More," *New York Times*, July 5, 2018.

54. John Mackey and Raj Sisodia, *Conscious Capitalism: Liberating the Heroic Spirit of Business*, Harvard Business Review Press, 2013.

55. Rajendra Sisodia, Jagdish N. Sheth, and David Wolfe and published in their book, *Firms of Endearment: How World-Class Companies Profit from Passion and Purpose*, Upper Saddle River, NJ, Prentice-Hall, 2003. Second edition 2014.

56. www.bteam.org.

57. https://t.e2ma.net/click/x9f6w/pvrnks/d6jz0h.

58. Pew Research Center, *The Public, The Political System and American Democracy*, April 26, 2018.

59. Jane Mayer, *Dark Money: The Hidden History of the Billionaires behind the Rise of the Radical Right*, New York, Doubleday, 2017.

60. Lawrence Lessig, *Republic, Lost: 2.0*, Travel, NYC, 2016.

61. Philip Kotler, *Democracy in Decline: Rebuilding its Future*, Sage, 2016.

62. David Brooks, "The Localist Revolution," *New York Times*, July 19, 2018.

63. Ad Council. (n.d.), *Obesity prevention*, Retrieved 2006.

64. Philip Kotler, David Hessekiel, and Nancy R. Lee, *Good Works! Marketing and Corporative Initiatives that Build a Better World ... and the Bottom Line*, Hoboken, NJ, Wiley, 2012.

65. Foundation Center, "KEY FACTS: U.S. FOUNDATIONS 2014 Edi-

tion," Accessed June 8, 2018, http://foundationcenter.org/gainknowledge/re-search/keyfacts2014/pdfs/Key_Facts_on_US_Foundations_2014.pdf.

66. Philip Kotler and Alan Andreasen, *Strategic Marketing for Nonprofit Organizations*, Englewood Cliffs, NJ, Prentice-Hall, 1991, p.285.

67. Richard Straub, "Socially Responsible Business Canonly Succeed if it Becomes a Movement," *Harvard Business Review*, March 16, 2018.

译后记
推进共同利益，为世界变得更加美好而努力

　　共同利益的概念最早出现在柏拉图、亚里士多德和西塞罗的著作中，其目的是判断一项人类行为或政策是否有益于社会中的大多数人。对"common good"的一个简短定义是给定社区的所有或大多数成员共享和受益的东西，是一个集体专属的共同利益，而另一个易混淆的词"public goods"则是全社会共享的公共产品。本书中，菲利普·科特勒先生站在全人类的立场，探究如何基于企业、政府和非营利组织的战略选择创造一个全人类共有的、更美好的世界。基本目标是明晰社会的三个主要部门中的每一个部门能够为促进共同利益做些什么。具体包括：企业能做些什么来促进共同利益？政府能做些什么来促进共同利益？非营利组织能做些什么来促进共同利益？科特勒先生希望借由本书，为那些尝试在当地、州、地区、国家或国际社会中实现更大共同利益的人们提供工具与指导。

　　科特勒认为：一个好的国家应该致力于提高普通公民的福利，而非增加公司或富人的财富。对此，本书从共同利益的视角指出了国内生产总值（GDP）这一概念的局限性。科特勒认为：GDP 的增长并没有说明更高增长的好处是如何分配的，一个穷人越来越穷而富人越来越富的社会并不符合建立共同利益的准则。同时，GDP 的增长并没有说明产出的构成或质量，GDP 将随着更高的烟酒消费和更多的枪支销售而增长，但这并不能说明幸福的增长，并且更高的 GDP 可能会增加空气和水污染以及更多的交通堵塞。只有当 GDP 的增长促进了每个人的收入增长时，我们才能说总体福利得到了提高。

显然，我们需要一个比 GDP 更直接的衡量总体福利增长的指标，而国民幸福总值（GNH）或许是一个更为合适的指标。这一方法最早于 1972 年由不丹国王吉格梅·辛格·旺楚克提出。旺楚克国王认为，当物质和精神的发展同时发生并相互加强时，幸福就出现了。他假设了 GNH 的四大支柱：可持续发展、保护和促进文化价值、保护自然环境和建立良好治理。时至今日，英国、法国、丹麦、巴西等国家都在积极开发或使用 GNH 这一度量工具。

基于这一理念，本书对特朗普政府展开了激烈的批评，并基于此对美国的主要社会问题进行了反思。科特勒指出，政府可以比私营企业更有效地展开一些必要的民间活动。政府的作用是确定公共产品和服务的最低标准，确保社会从这些公共产品中受益，而不是因为私营部门经营者设定的高价或提供的不符合标准的产品导致生活质量下降就遭受惩罚。当下的美国，人们倾向于向已经获得财富或声望的人致敬，但事实上我们真正需要的是那些为共同利益作出贡献的人。对此，本书较大篇幅阐述了美国的社会运动、环境运动、民权运动、LGBTQ 运动、妇女运动、和平运动、劳工运动、消费者运动、经济改革运动对促进美国社会共同利益的特殊意义。

那促进共同利益的关键工具到底是什么呢？科特勒远见卓识地指出，是社会营销。市场营销是一门众所周知的学科，用于推广和销售产品或服务。如今，市场营销已经扩展到包括地点、人、想法和原因等应用场景，即社会营销。社会营销始于 47 年前（基于作者出版该书英文版的年份），它已被应用于数千个公共服务领域，包括减少吸烟和吸毒、节约用水、减少污染、促进更多的锻炼和更好的营养、更安全的驾驶和其他领域等。公共服务组织需要准备一个全面的社会营销计划，以赢得更多追随者。

社会营销通常包括三个核心主体：企业、政府和非营利组织。在许多方面，与政府或非营利部门相比，企业可以成为改善社会的主要引擎。斯蒂芬·哈恩·格里菲斯强调：仅仅有一个高质量的产品并在华尔街取得成果是不够的，企业做了什么让世界变得更美好才是评价企业的根本标准。如今，越来越多的企业已经作出或正准备作出旨在改善人们生活和地球健康的社会承诺。2017 年排名前十的企业，如乐高、谷歌、索尼、劳力士和华特迪士尼等企业——都在以诚实和正直的方式运营，并代表着对全世界人民至关重要的东西，例如多样性、包容性、环境可持续性和教育等。本书还以 Ben & Jerry's、美体小铺、联合利华、汤姆斯、Salesforce、赛百味餐厅、李维斯为例证，阐述了企业完全可以在保有盈利能力的同时，投入一部分资金来改善社会。对企业而言，许多成功的公司——苹果、沃尔玛、联邦快递、西南航空、Intuit 和 Salesforce——之所以能够基业长青，恰是因为它们的长期取向、顾客至上和创新意愿。科特勒认为：营销 3.0 是营销中的一个阶段，在这个阶段，公司不仅要准备好吸引顾客的头脑和心灵，而且也要激发和顺应人的天性。此时，企业不仅拥有弥补资本主义缺陷的资源，而且还能填补资本主义的道德空白，并更有可能在实现这一追求的过程中提升经济绩效。

　　然而，最为关心共同利益的却恰恰是政府，而非企业。具有讽刺意味的是：许多公民并不信任政府、政府官员、政府工作人员和立法者，认为政府运作效率极低，并指责政府通过了太多的法律法规，导致商业效率低下。为回应这一问题，科特勒基于美国情境在本书中给出了积极应用冲突解决领域的研究成果、完善关于竞选资金的新法律、减少游说活动的数量、减少不公正的选区划分、增加到场投票的选民人数、改进国会审议程序和降低宪法修正门槛等七个建议。科特勒认为：面对日益激烈的全球竞争，政府可能会发挥越来越大的作用，帮助国内企业通过商业支持服务、研发和营销来提高其全球竞争力。尤其是在帮助企业解决国家紧迫的社会问题方面,政府发挥了积极作用。如公私伙伴关系帮助建造了连接法国和英国的英吉利海峡隧道铁路、葡萄牙贝拉斯滨海和阿尔塔影子收费公路、匈牙利的M5 收费高速公路和保加利亚的 Trakia 高速公路项目。此外,政府还可以与非营利组织合作来提高其影响力,如政府组织与非营利性医院、私立学校和学院、私人社会服务组织、慈善组织、博物馆、表演艺术组织、环境组织和宗教机构合作等。

菲利普·科特勒同时指出:因为政府部门未能在需要的地方创造出共同利益,使得美国存在着大量的非营利组织。他认为:欧洲国家的非营利组织比美国少,原因是欧洲政府在这些国家中发挥了更强有力的支持作用。非营利组织在多个领域发挥作用,包括卫生服务、教育/图书馆、宗教组织、社会和法律系列、市政、社会关系、艺术和文化以及基金会。以美国为例,其范围涵盖了从非常小的组织到非常大的组织,如基督教青年会、救世军、美国红十字会、美国天主教慈善会、国际善意行业、美国男孩女孩俱乐部、美国癌症协会、自然保护协会和美国童子军等。本书中,科特勒充分应用了营销学原理指导非营利组织如何最大程度提升其运作效率、更加有效地发展其成员,进而发挥更大的社会影响力。他最后呼吁在世界的每一个角落都发现并培养社会企业家,在让每个人都成为变革者、加速人人成为变革者的过程中,为世界变得更加美好而共同努力。

本书附录部分重点介绍了联合国自成立以来为推进共同利益而付诸的努力。全书试图从营销学视角探究如何让世界变得更加美好,探讨了包括但不限于共同利益的概念界定、评估特定行动对人类幸福与福祉的影响、公共产品(public goods)的保护与提升、当今主要社会问题识别(基于美国情境)、活动家改革者和社会运动、促进共同利益的关键工具、企业在促进共同利益上所发挥的作用、政府在促进共同利益上所发挥的作用、非营利组织和基金会企业在促进共同利益上所发挥的作用等话题，终极目标是人类和文明的福祉。全书立意高远、一气呵成，这与科特勒先生长期思考利用经济学和市场营销原理来改善和促进公益事业无不相关。我们没有任何理由拒绝"共同利益"的理念，没有任何理由不去尝试书中介绍的一些方法、技能，没有任何理由不为让世界变得更加美好付诸自己的全部努力！

　　与本书的缘分，起源于两年前在何佳讯教授学术微信群对营销本质的讨论，当时非常巧合，我提出的观点，被何教授敏锐地觉察到，与本书不谋而合。但远远没有科特勒先生系统和深入，因而，本书的翻译过程，也是不断思想共鸣与持续学习的过程。这一过程中，我试图去了解年轻人对这一问题的观点与看法，与兰洪超、李娇、徐瑞、朱协、潘泽园、林克飚、徐绍钦等同学的讨论，也让我非常受益。

　　回望学术之路，我得以自觉涌现与科特勒先生相近似的观点，离不开我的硕士导师汪小金老师"60岁60公里马拉松"精神的引领，和博士生导师南开大学许晖教授关于学术本质"自由、平等、开放"的教导与躬身垂范；更离不开不是导师、胜似导师的杨先明教授的手把手教导，他是时任云南大学发展研究院院长，十余年来，从循循善诱的学术启蒙到春风化雨的学术指导，从劝我放弃在北京工作回来建设母校到时常一起散步探讨如何做好学术强化公心服务社会，尽管离杨老师的要求和期望还有很远的距离，但他却一直在践行"为国育才"的初心。还有我的工作单位云南大学工商管理与旅游管理学院、云南省社科联、腾冲科学家论坛、长江上游管理创新团队的各位前辈师长，以及香港新华集团、腾讯集团、云南白药、云南褚氏农业、华夏基石管理咨询等企业也让我看到科特勒先生所强调的"共同利益"。我所服务的中国企业联合会数智化咨询专业委员会、中国高等院校市场学研究会、云南省社会发展促进会、云南省再生经济发展研究会、云南省产业发展研究会等非营利组织，甚至很多素未谋面却一直不吝栽培的学术前辈，你们对我的培养和给予的机会，我相信更多是出于"共同利益"的考量。在前述前辈师长的感召下，新冠疫情初期，我果断在学校东门买了一套房子，作为学生的学术空间与安全保障空间；疫情至今，我每天于"西部管理学堂"公众号免费免广告发布收集到的管理学相关的学术信息。我想这也是出于对"共同利益"的探索式践行。

我相信，致力于让世界变得更加美好，于全人类而言，无疑是一个崇高而可贵的使命；于每一位微观个体而言，菲利普·科特勒先生则从"共同利益"这个小而深的切口，给我们指出了微观个体聚沙成塔的逻辑，值得我们共同追求。

邓伟升

云南大学工商管理与旅游管理学院

副教授（东陆青年学者）

2023 年 12 月 11 日于东陆园

图书在版编目(CIP)数据

共同利益 ：企业、政府和非营利组织的战略选择 /
（美）菲利普·科特勒著 ；邓伟升译. — 上海 ：格致出
版社 ：上海人民出版社，2024.1
ISBN 978 - 7 - 5432 - 3512 - 0

Ⅰ. ①共… Ⅱ. ①菲… ②邓… Ⅲ. ①国际经济-研
究 Ⅳ. ①F113

中国国家版本馆 CIP 数据核字（2023）第 215947 号

责任编辑　王浩淼
装帧设计　路　静

共同利益:企业、政府和非营利组织的战略选择
[美]菲利普·科特勒 著
邓伟升 译

出　　版　格致出版社
　　　　　上海人民出版社
　　　　　（201101　上海市闵行区号景路 159 弄 C 座）
发　　行　上海人民出版社发行中心
印　　刷　上海盛通时代印刷有限公司
开　　本　890×1240　1/32
印　　张　6.5
插　　页　2
字　　数　149,000
版　　次　2024 年 1 月第 1 版
印　　次　2024 年 1 月第 1 次印刷
ISBN 978 - 7 - 5432 - 3512 - 0/C · 303
定　　价　58.00 元

《B2B 品牌管理》

［美］菲利普·科特勒 ［德］弗沃德 著

楼尊 译

《H2H 营销》

［美］菲利普·科特勒 ［德］弗沃德

［德］乌韦·斯庞霍尔兹 著

楼尊 李眺 译

《社会营销：引人向善》（第五版）

（即将推出新版）

［美］南希·R.李

菲利普·科特勒 著

俞利军 译

《共同利益：企业、政府

和非营利组织的战略选择》

［美］菲利普·科特勒 著

邓伟升 译